annas《アンナス》の

草花と動物のかわいい刺繍

増補版

川畑杏奈

河出書房新社

はじめに

『annasの草花と動物のかわいい刺繍』は2016年に刊行しました。

おかげさまで７年間細く長く版を重ね、今回新図案を追加した「増補版」を出版することになりました。

「この本を作ったときと同じような雰囲気で」というオーダーで図案を考え始めましたが、

７年も経つと作風も変化していて、なかなかよい絵が浮かばず、

結局、私が今作ってみたい「草花と動物」というテーマで図案を描き、８つの新しい図案ができました。

本の冒頭に追加しています。

元の図案説明やプロセス解説の方もより丁寧な説明を追加し、リニューアルしました。

そちらも合わせて役立てていただけたら嬉しいです。

annas　川畑杏奈

Contents

電子書籍でご覧の際、図案の実物大サイズについては
刺し方ページのスケールをご参照ください。

0 1cm

Take a walk さんぽ

Level

材料

[刺繍糸]

- □ 白 110
- ■ 赤 187
- ■ 青 166

刺し方

○ 指定以外２本どり

○ 指定以外サテンS

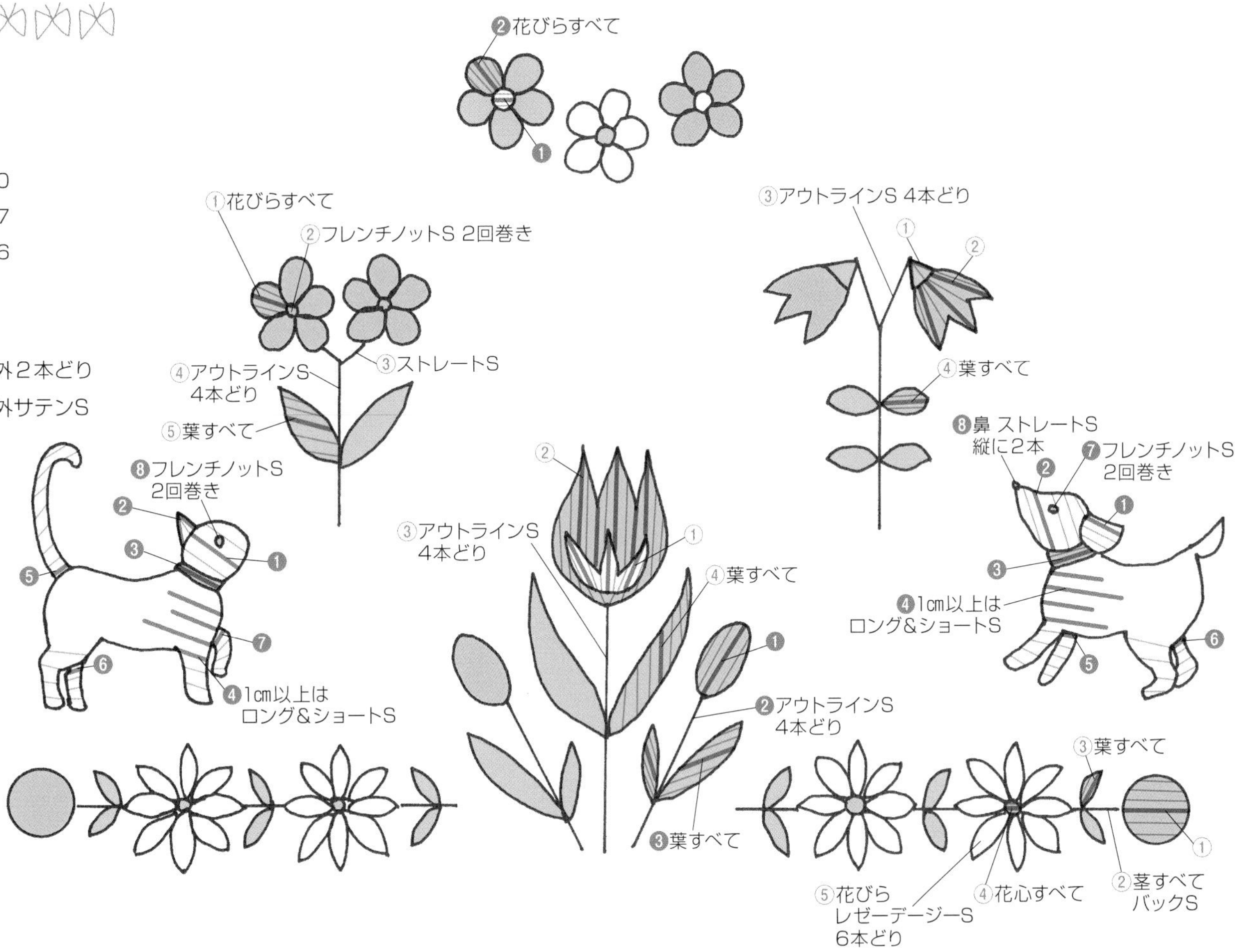

I have stepped on a cat 猫ふんじゃった

page 10

Fragrant olive 金木犀

page 11

I have stepped on a cat 猫ふんじゃった

photo p.8　*Level*

材料

[刺繍糸]

- 青 663
- ピンク 2111
- グレー 155
- 水色 373
- 黒 600
- 黄色 297
- 白 100

刺し方

○ 指定以外2本どり

○ 指定以外サテンS

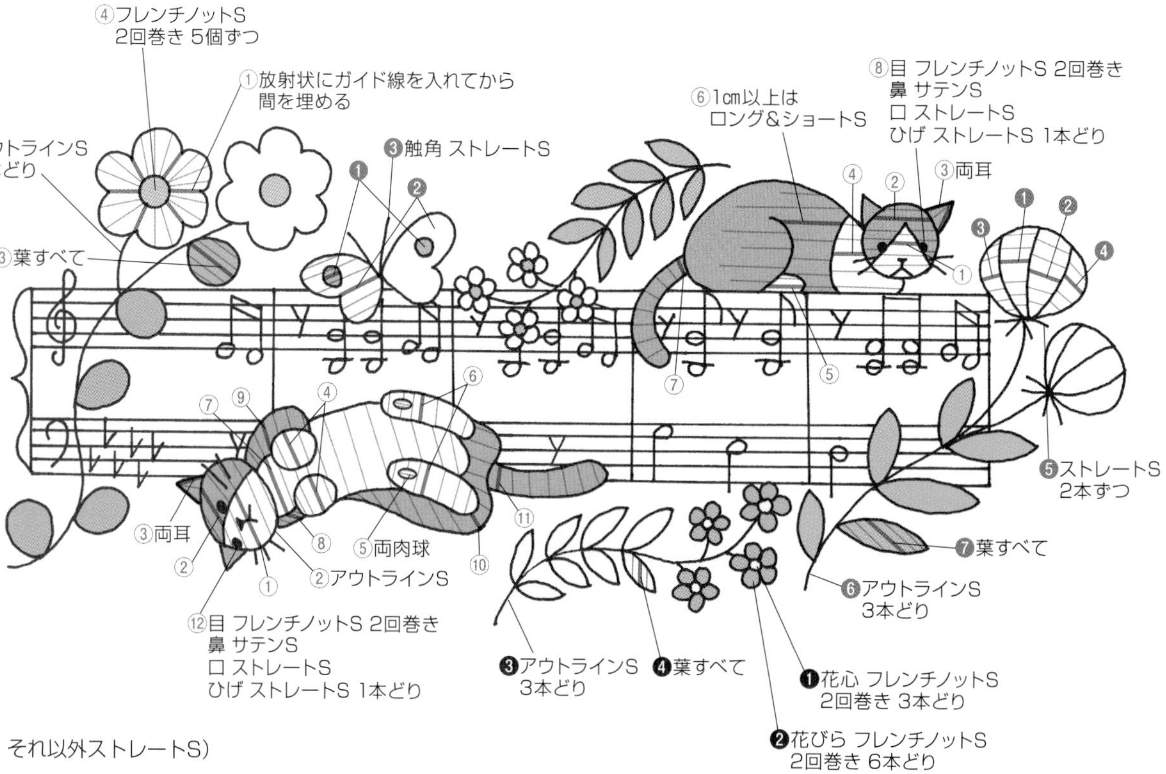

おおまかな刺し順

① 猫、花、ちょうちょ

② 楽譜(アウトラインS)

③ 音符(符頭はサテンS、それ以外ストレートS)

Fragrant olive 金木犀

photo p.9　*Level*

材料

［刺繍糸］

薄緑 2535

黄色 574

ベージュ 1000

黒600

刺し方

○ 指定以外2本どり

○ 指定以外サテンS

おおまかな刺し順

① 枝

② 葉、鳥、音符

③ 金木犀

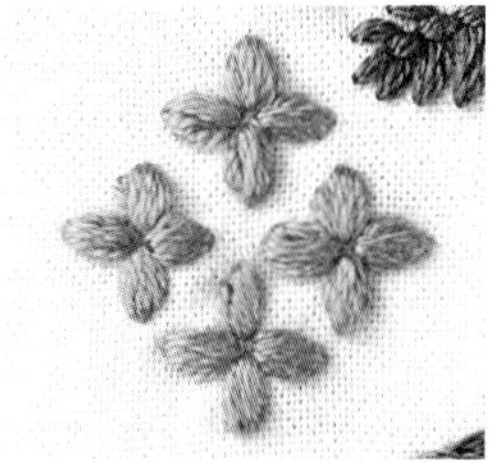

0　1cm

Scenery with the flower 花のある風景

Level

材料

[刺繍糸]

- オレンジ 145
- 緑 2120
- 黄緑 271
- 黄 2008
- グレー 474
- 白 100

刺し方

○ 指定以外２本どり

○ 指定以外サテンS

○ 棚はチェーンS、３本どり

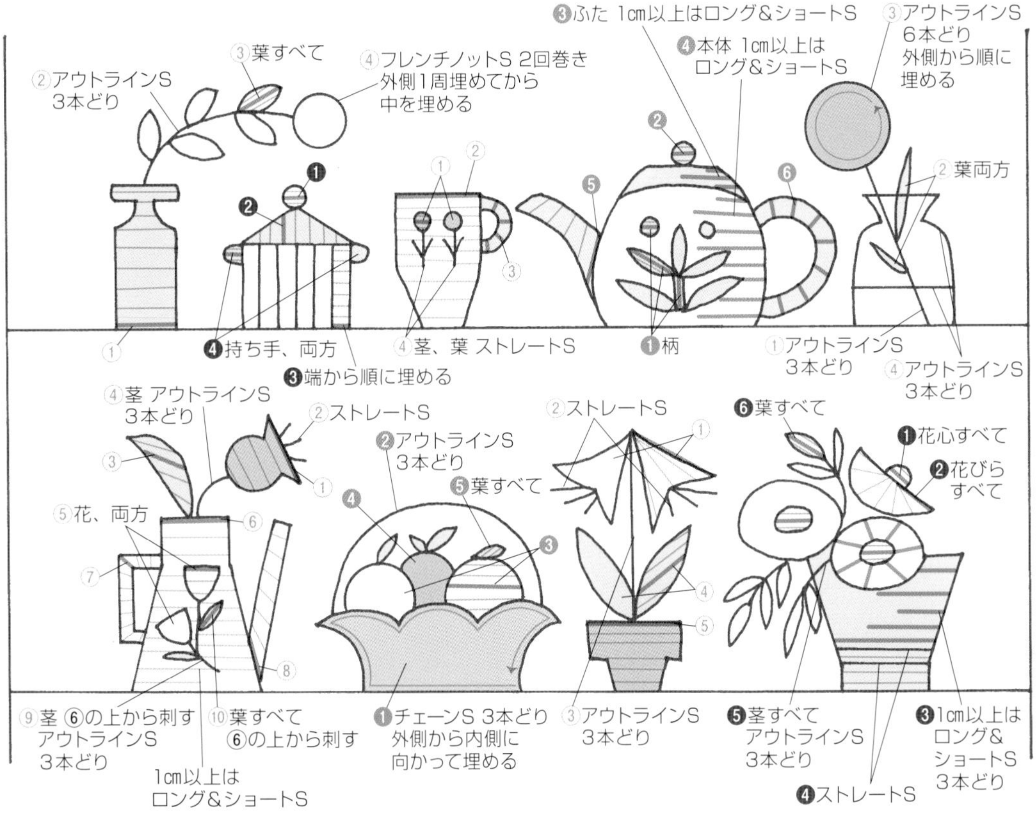

0 1cm

Bird watching バードウォッチング

page 16

Bird watching バードウォッチング

photo p.14,15　*Level*

材料

［刺繍糸］

- 黒 600
- 白 100
- 赤 467
- 青 2214
- オレンジ 145
- 茶 2038
- エメラルドグリーン 566
- グレー 2154

［副資材］

直径４㎝の円形ブローチパーツ　３個

直径５㎝の円形ブローチパーツ　３個

刺し方

○ 指定以外２本どり

○ 指定以外サテンS

〈ヒヨドリ〉

〈キツツキ（オオアカゲラ）〉

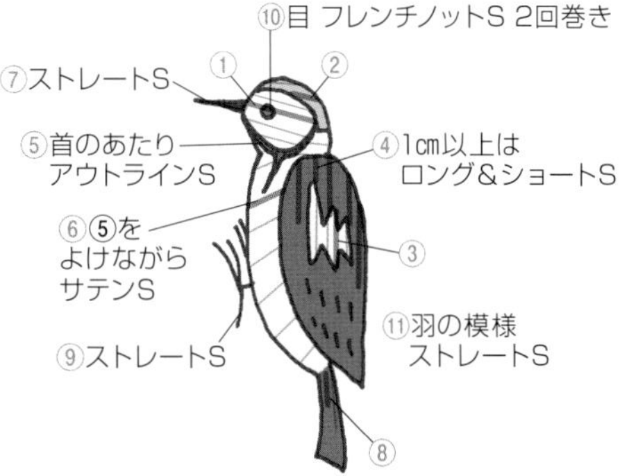

〈双眼鏡〉

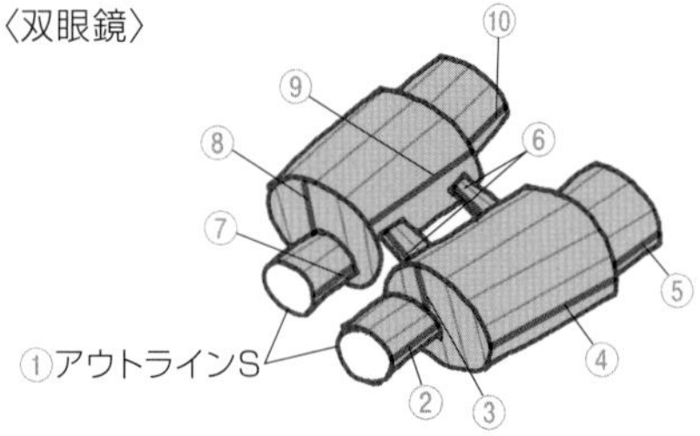

〈ルリビタキ〉

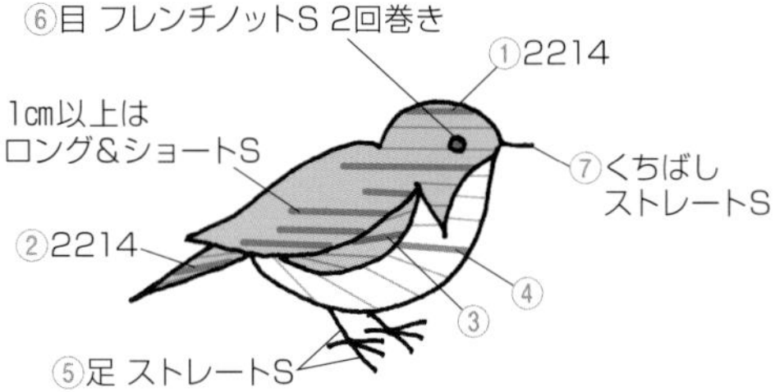

〈シマエナガ〉

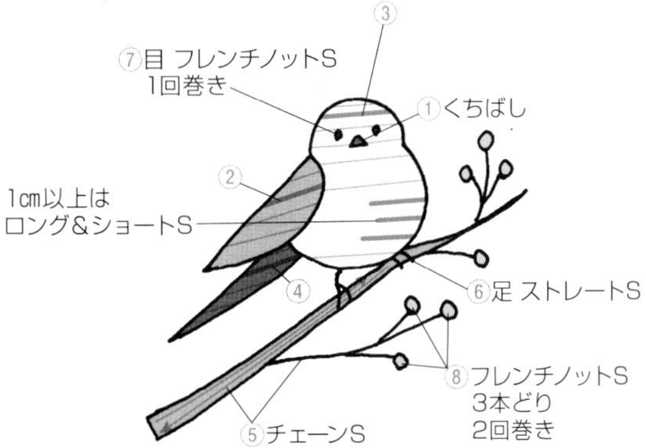

〈ムクドリ〉

〈カワセミ〉

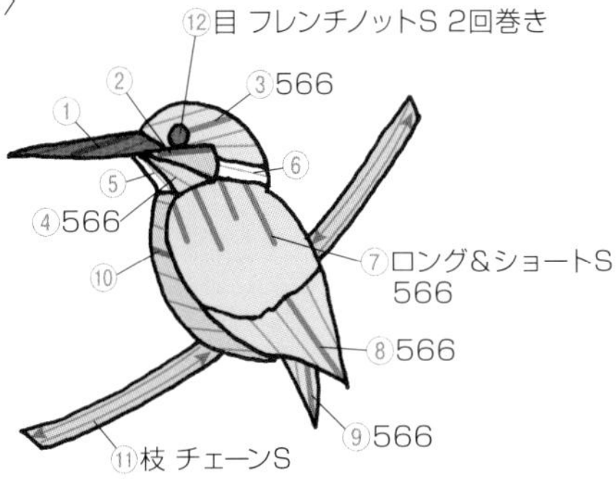

Greeting グリーティング

Level

材料

[刺繍糸]

- 赤 857
- 青 214
- 白 110
- 緑 318
- 黄色 2009

刺し方

○ 指定以外２本どり　○ 指定以外サテンS

○ 上下の大きな花→太い茎３本どり、チェーンS２列→細い茎 ３本どり、チェーンS
　→小さな葉、花 の順で刺す

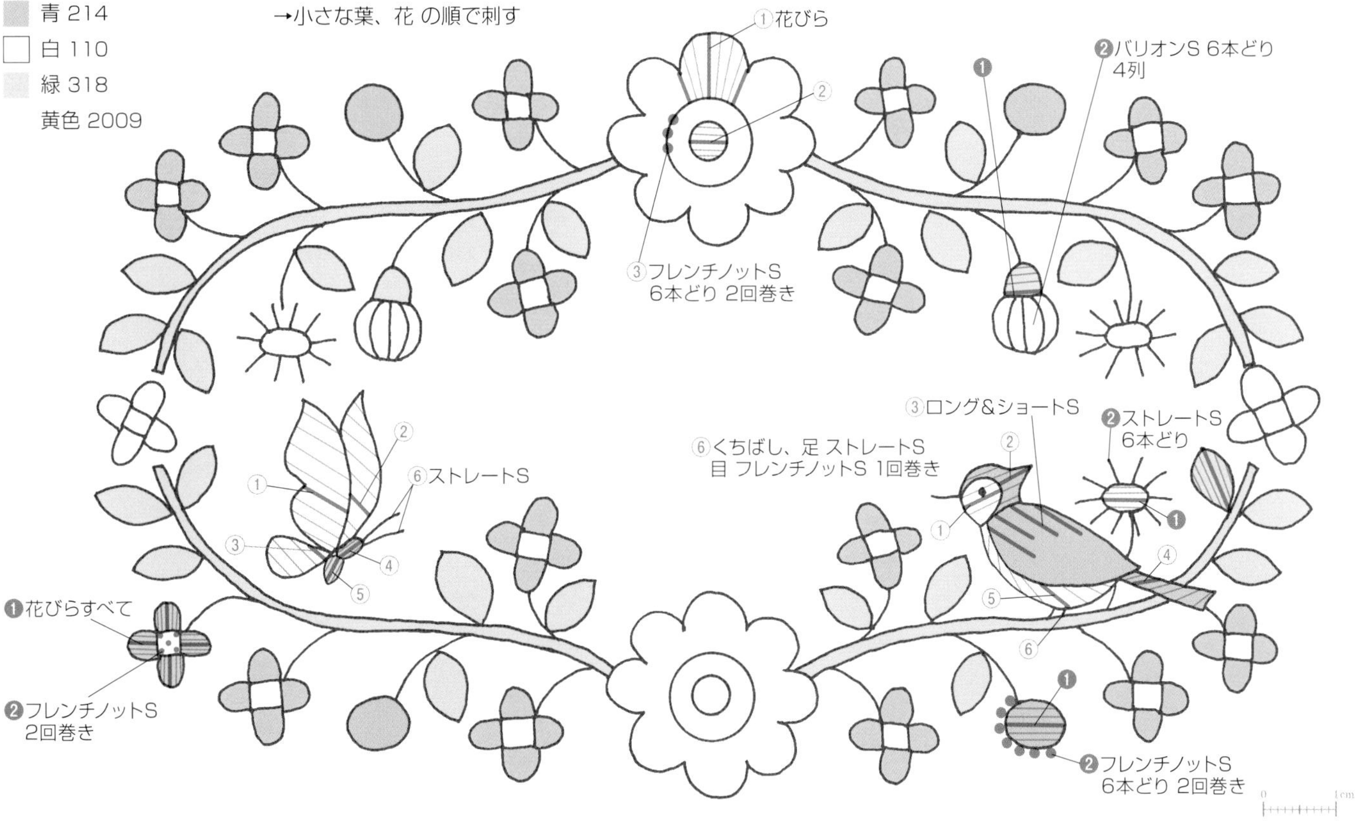

The Greedy Dog 肉をくわえた犬

Level

材料

[刺繍糸]

- 白 110
- 水色 662
- ピンク 463
- 茶色 2039
- 黄緑 2118
- 黄色 2005
- 緑 122

刺し方

○ 指定以外2本どり

○ 指定以外サテンS

おおまかな刺し順

1 犬

2 橋

3 川

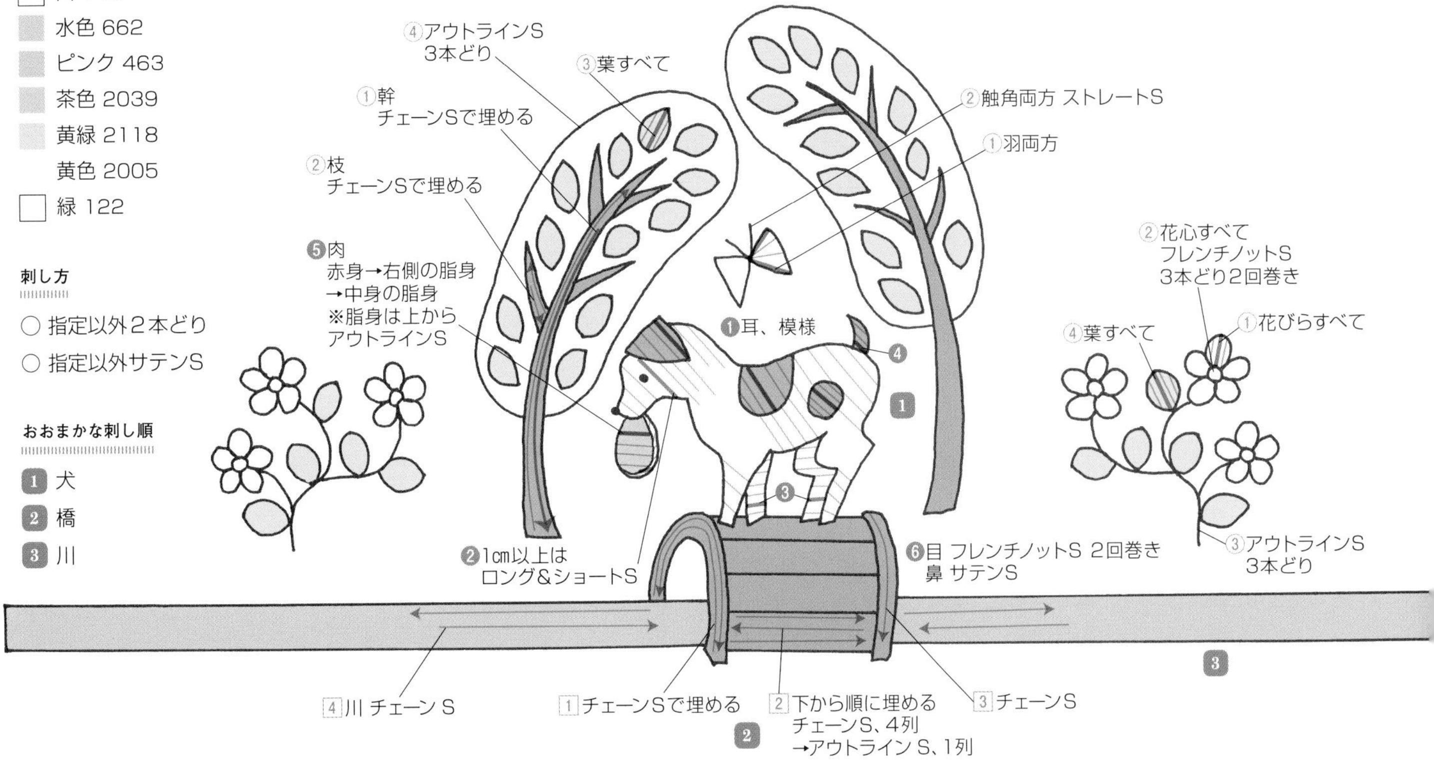

Flower and rabbit

花とうさぎ

Level

材料

[刺繍糸]

- 赤 853
- 紫 282
- 水色 163
- 茶色 2037
- こげ茶 687
- 緑 846
- ベージュ 1000
- 黄色 2008

刺し方

○ 指定以外２本どり

○ 指定以外サテンS

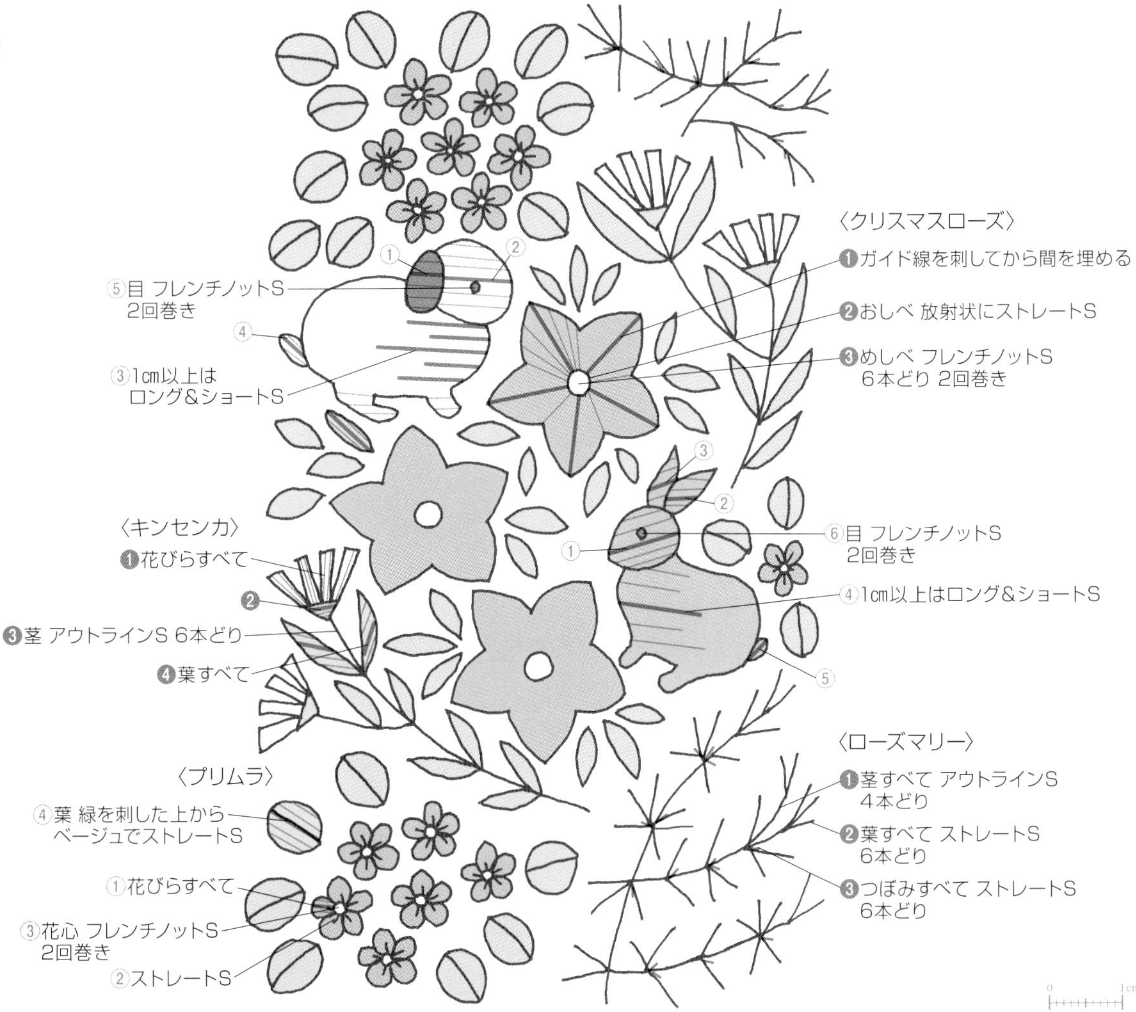

Flower 花

page 101

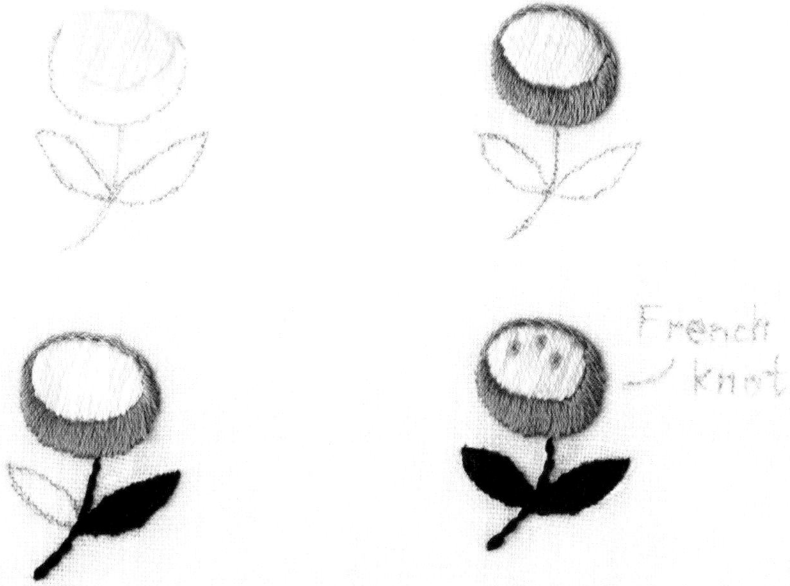
French knot

White goat and black goat 白やぎ黒やぎ

Level

材料

[刺繍糸]

- 水色 372
- 緑 2120
- オレンジ 146
- 黒 600
- グレー 2154
- 白 100

刺し方

○ アーチの茎は3本どり

○ 指定以外2本どり

○ 指定以外サテンS

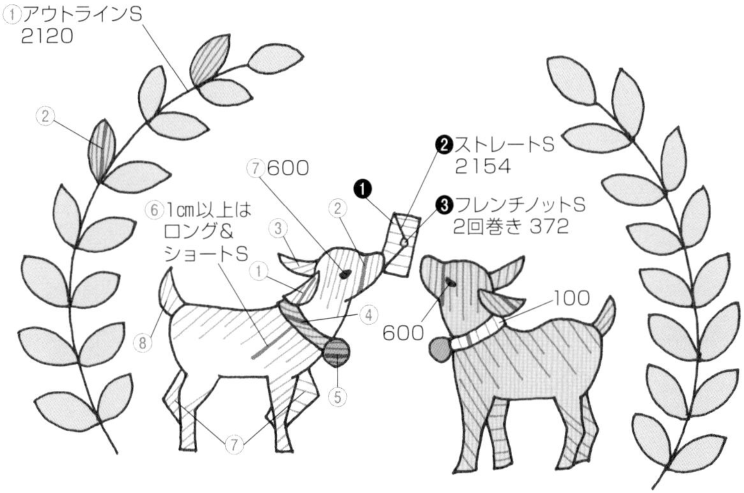

Winter 冬

page 91

ブローチ　page 92

大人っぽいカラーリングのクリスマスブローチ。
ベースをグレーにするだけで、全体がシックにまとまります。

Little fox こぎつね

Level

材料

［刺繍糸］

■ 深緑 983

黄色 820

□ 白 100

刺し方

○ すべて２本どり

○ 指定以外サテンS

○ 好きなモチーフから刺してよい

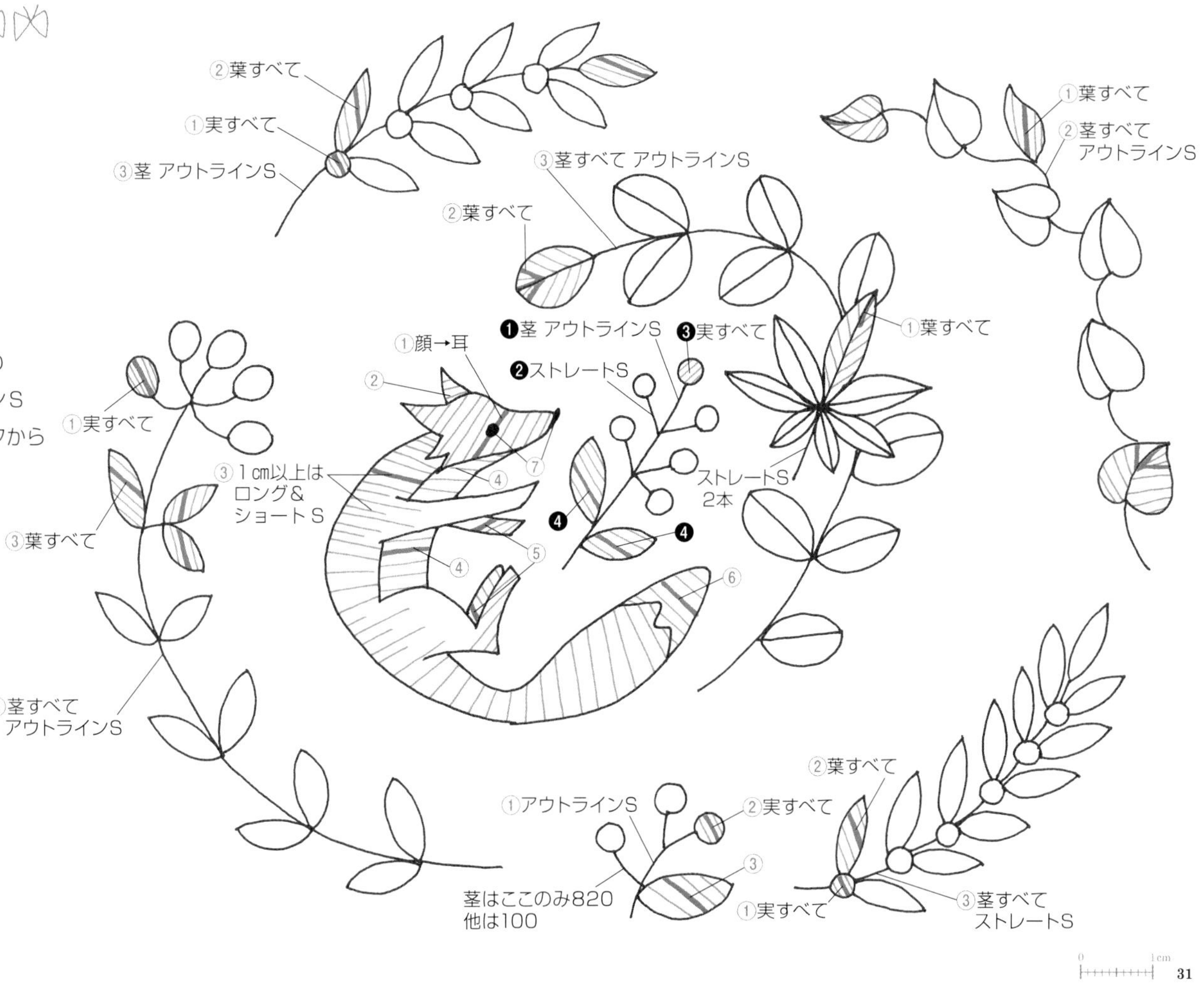

Cats 猫

Level

材料

［刺繍糸］

- 青 164
- グレー 2154
- 茶色 576
- 淡茶 681
- 黄色 300
- 緑 2319
- 淡水色 410A
- チャコール 895
- 黒 600

刺し方

○ すべて2本どり

○ 指定以外サテンS

○ 目はフレンチノットS
2回巻き

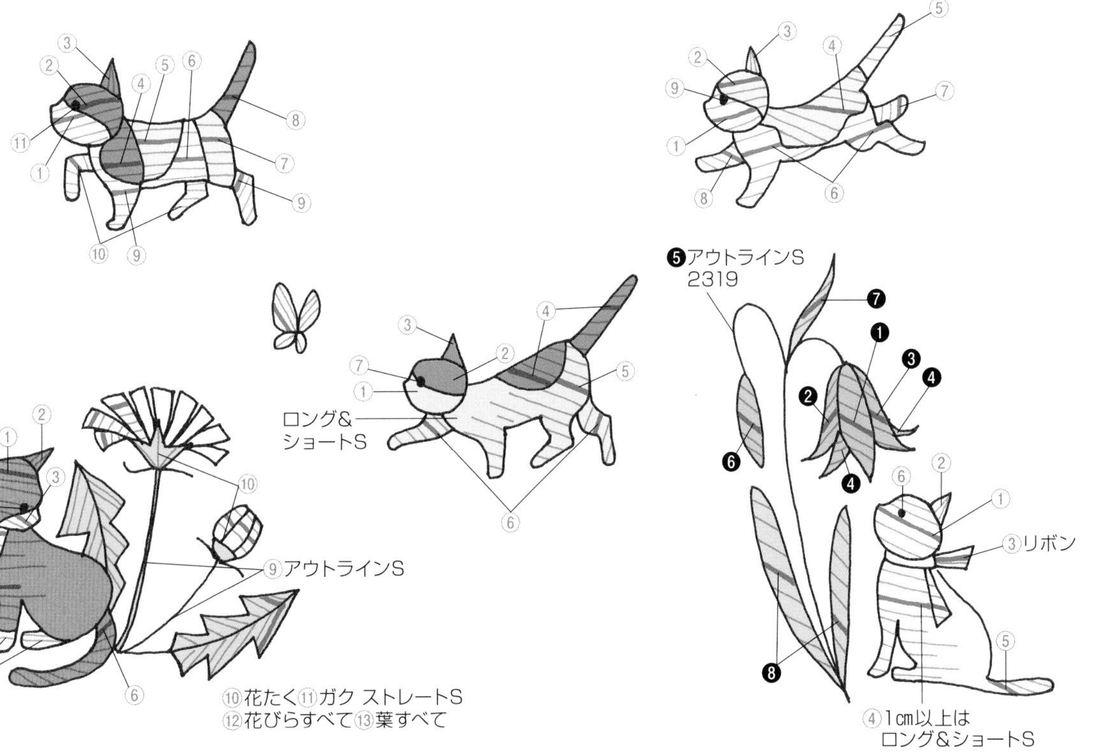

0 1cm

Butterfly ちょうちょ

page 94

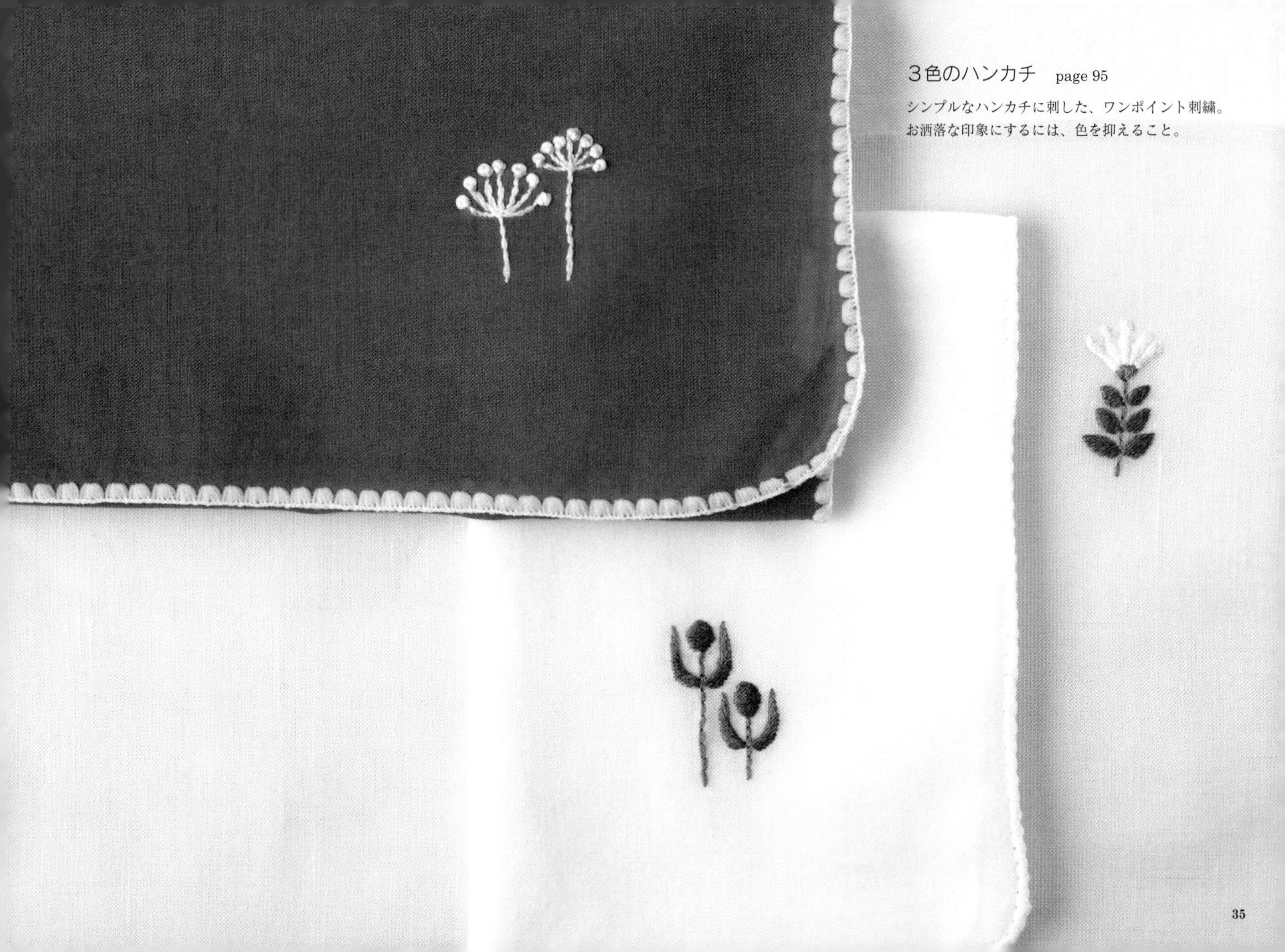

３色のハンカチ　page 95

シンプルなハンカチに刺した、ワンポイント刺繍。
お洒落な印象にするには、色を抑えること。

Spring 春

page 96

カード　page 97

小さな花を抜き出して、カードに仕立てました。
窓は、大きさも形も、刺繍に合わせて自由にかえてみましょう。

Magnolia&Willow tit モクレンとコガラ

page 98

Long & Short
Guide

The Frog King かえるの王様

Level

材料

[刺繍糸]

紺 169

薄紫 172A

黄緑 632

濃ピンク 506

こげ茶 477

薄オレンジ 341

白 100

[にしきいと]

蜂蜜 20

①顔、首(341)→髪飾り→頭(477)→リボン
②襟(100)→袖→胸
③両腕(341)
④リボン
⑤中側のスカート(100)
⑥外側のスカート
⑦裾(100)
⑧かえる→王冠(にしきいと20) ストレートS
両脇の花は左下参照

刺し方

○ すべて2本どり

○ にしきいとは1本どり

○ 指定以外サテンS

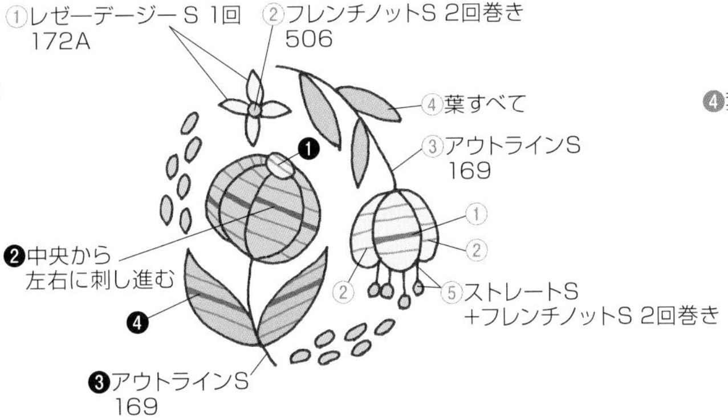

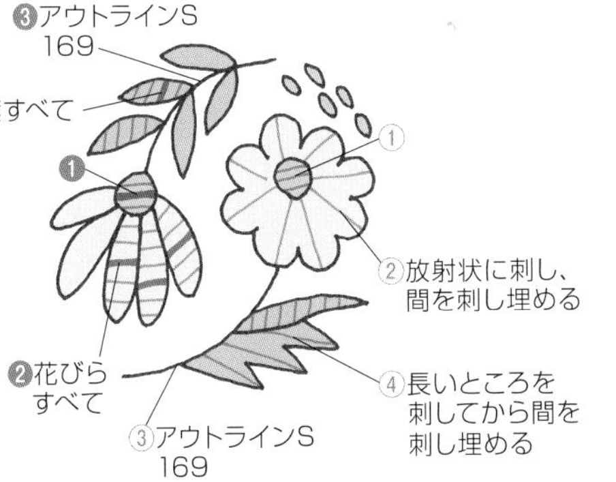

Petit flower 小さな花

Level

材料

[刺繍糸]

- 薄紫 172A
- 薄緑 2535
- 緑 2319
- 黄色 297
- チャコール 895
- 白 100

刺し方

○ すべて2本どり

○ 指定以外サテンS

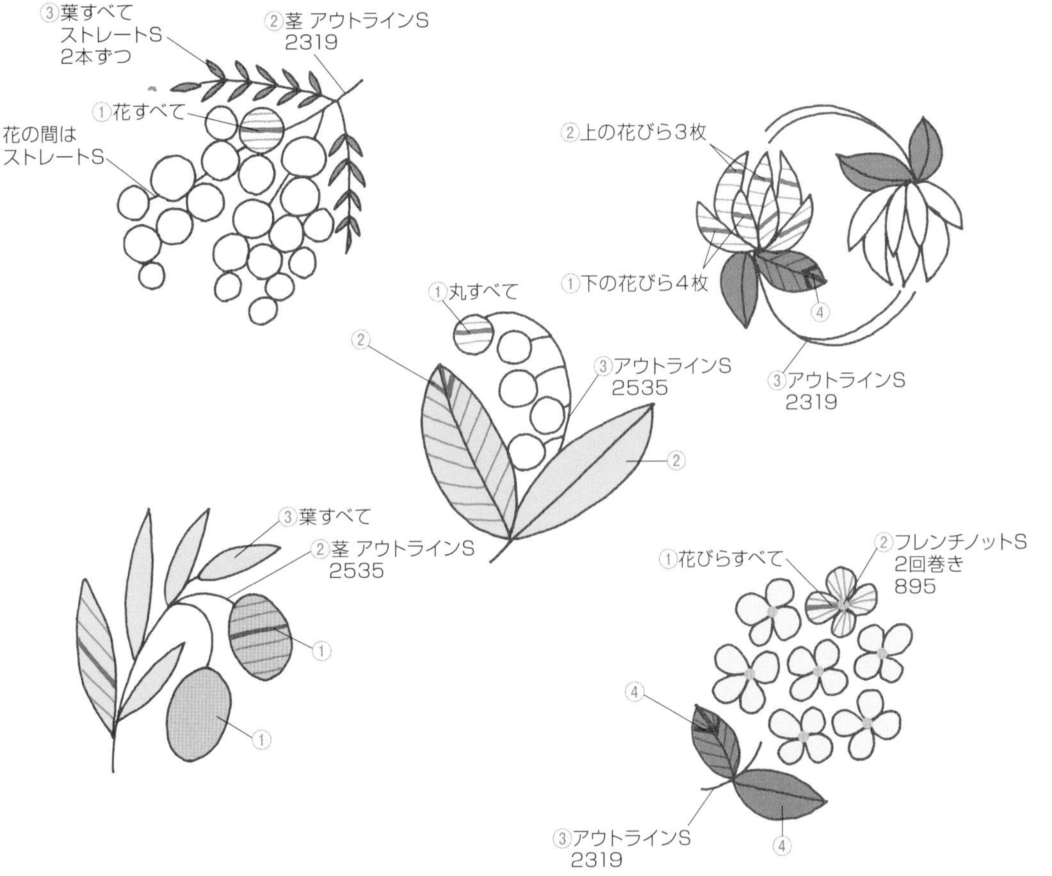

Three daughters 野の花の三姉妹

Level

材料

［刺繍糸］

- 水色 372
- サーモン 2835
- 白 100

刺し方

○ 指定以外２本どり

○ 指定以外サテンS

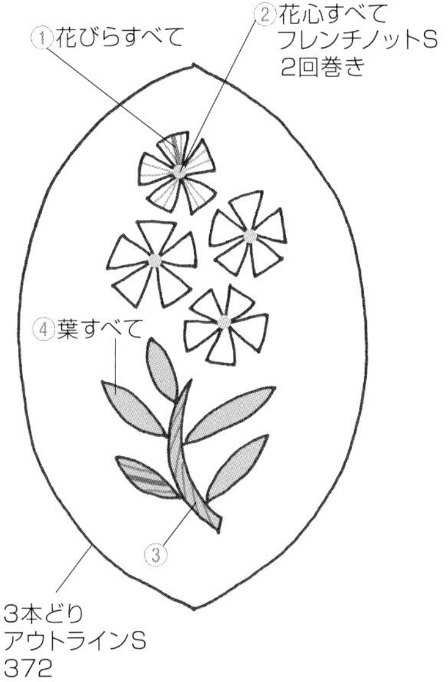

〈忘れな草〉

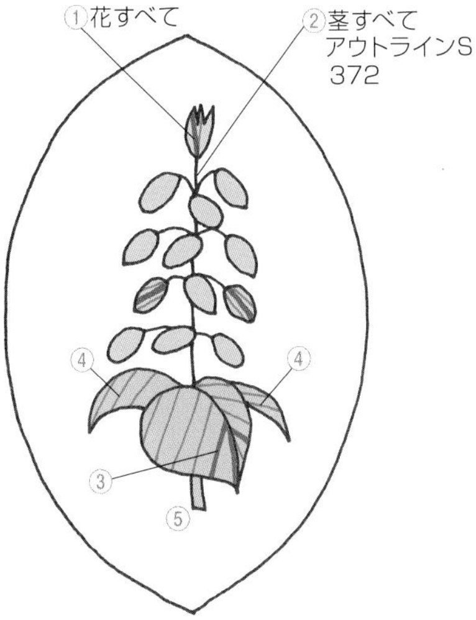

〈サルビア〉

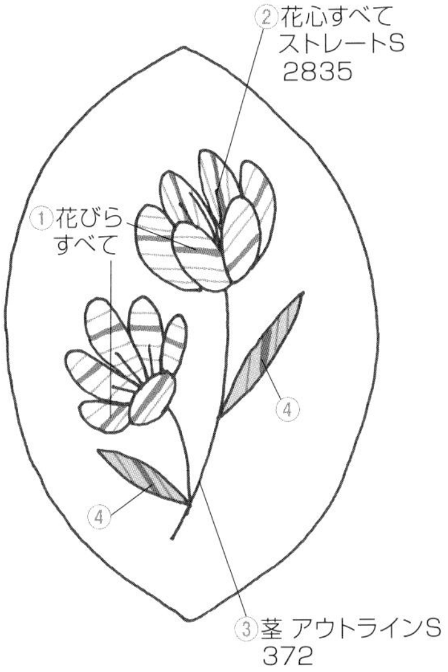

〈月見草〉

Swan Lake 白鳥の湖

Level

材料

［刺繍糸］

紺 169

水色 373

黄色 701

薄紫 552

白 100

［にしきいと］

白銀 23

刺し方

○ すべて2本どり

○ にしきいとは
1本どり

○ 指定以外サテンS

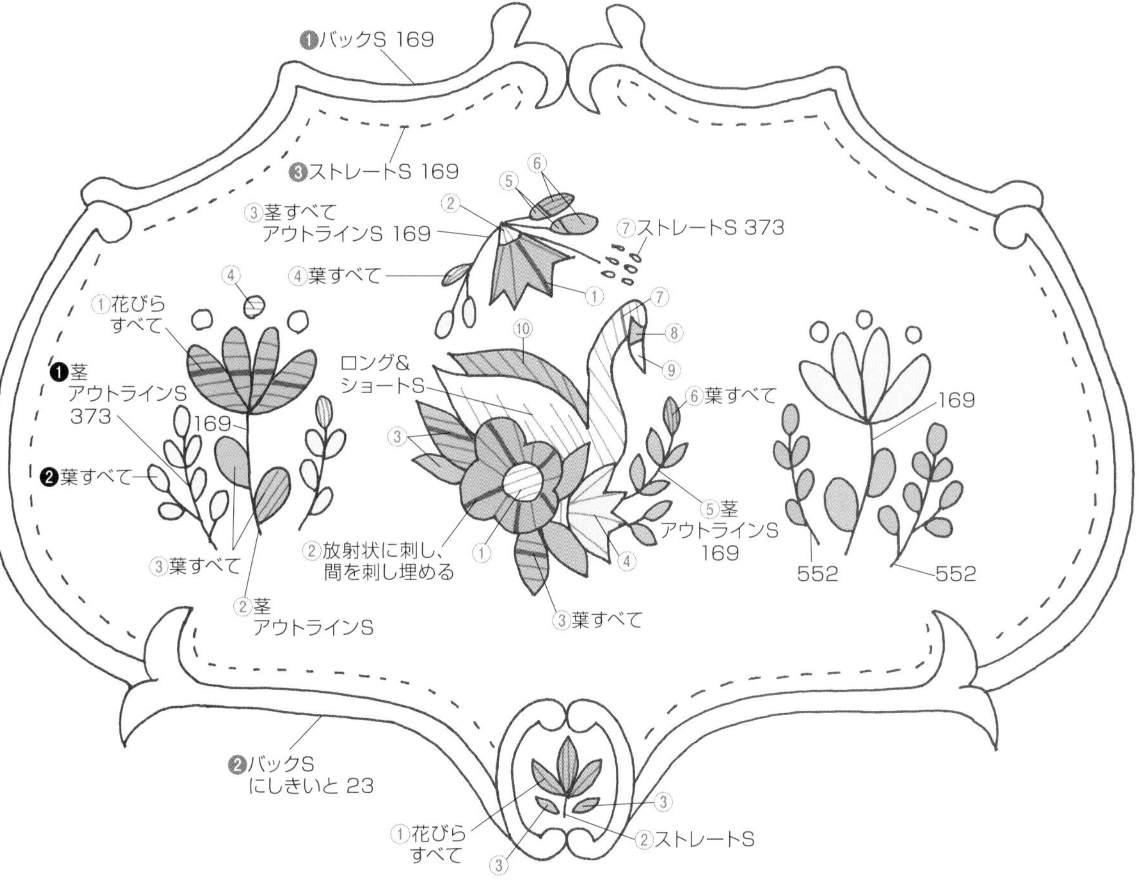

0 1cm

Peacock クジャク

page 50

ニードルブック & ピンクッション

クジャクのカラーバリエーションで作るニードルブックと、
p.86の木の図案のアレンジで作ったピンクッション。
かわいらしい道具に囲まれると、毎日の刺繍がもっと楽しくなります。

page 50,111

page 90,110

Peacock クジャク

[実物大図案]

photo p.48　*Level*

材料

[刺繍糸]

- 紺 169
- ピンク 482
- 薄紫 2172
- 白 100

刺し方

○ 指定以外２本どり

○ 指定以外サテンS

○〈草花〉
花→茎→葉の順に刺す

○ 好きなモチーフから
刺してよい

0　1cm

[拡大図解説]

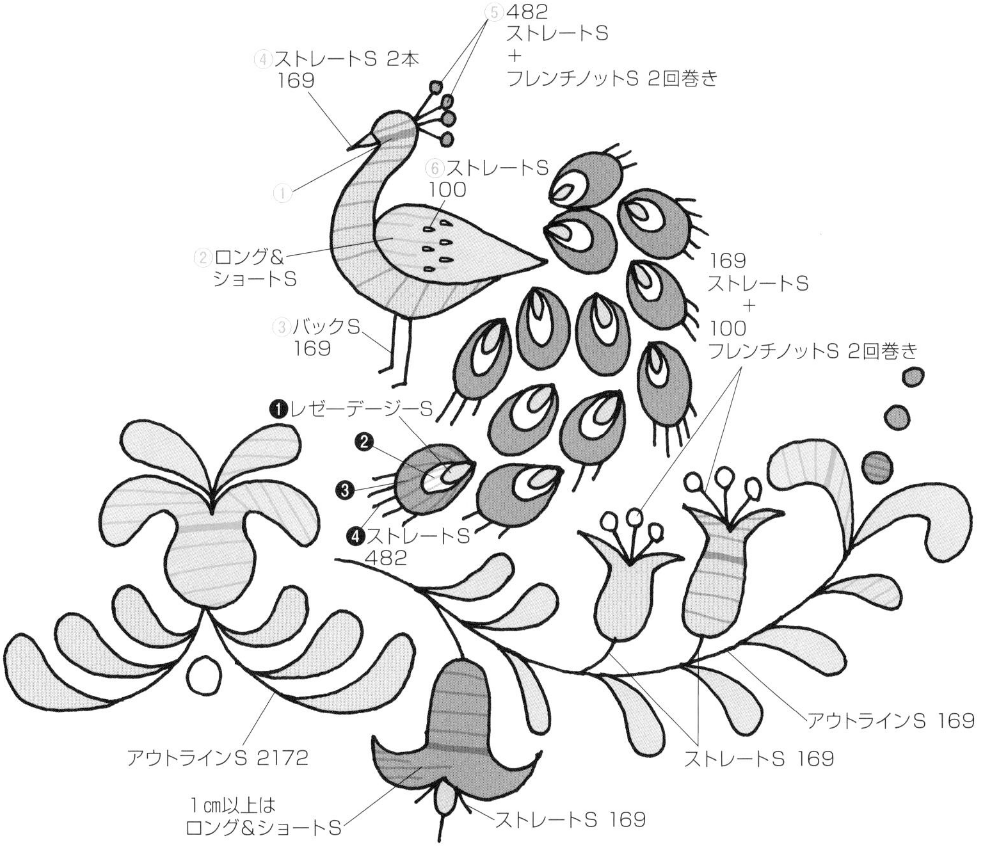

※ニードルブックの仕立て方はp.111-

0 1cm

Little Red Riding-Hood 赤ずきんと森のおおかみ

page 54

ブローチ　page 55,100

おおかみの森と、おばあちゃんのお家。
物語をブローチに込めて。

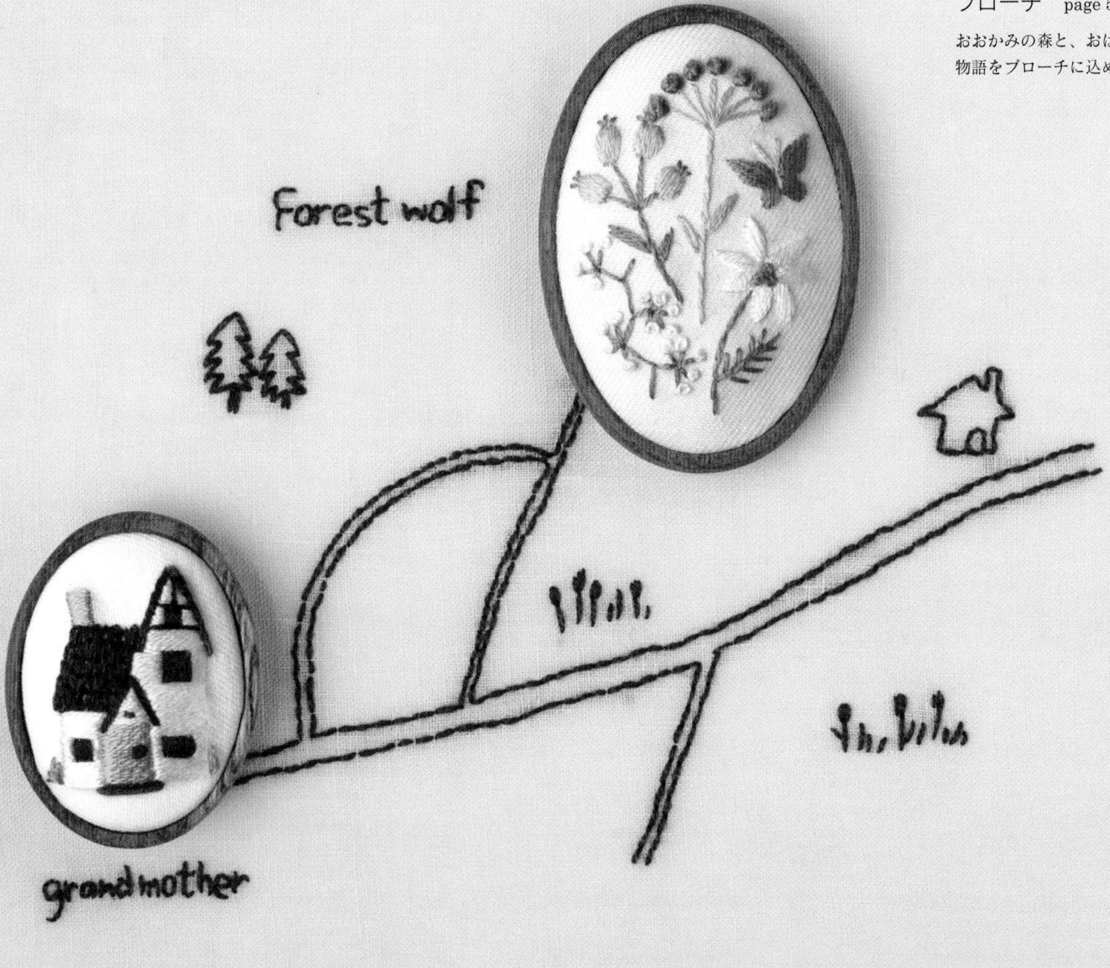

Little Red Riding-Hood 赤ずきんと森のおおかみ

photo p.52 *Level*

材料

[刺繍糸]

- 深緑 983
- 緑 337
- 濃ピンク 506
- 薄緑 334
- 薄茶 366
- 薄オレンジ 341
- 茶色 716
- 淡水色 410A

刺し方

- ○ 指定以外２本どり
- ○ 指定以外サテンS
- ○ 〈草花〉
  茎（指定以外337でアウトラインS）→花・実→葉 の順で刺す

[赤ずきん]

①顔（341）→髪（716）
②ケープ
③首元→胸ボタン フレンチノットS 2回巻き→帯
④腕→手（341）
⑤エプロン（410A）→スカート
⑥足→奥の足
⑦かご（366）と草花（337、334）

[おおかみ]は
目と鼻は 983
それ以外 366
で刺す

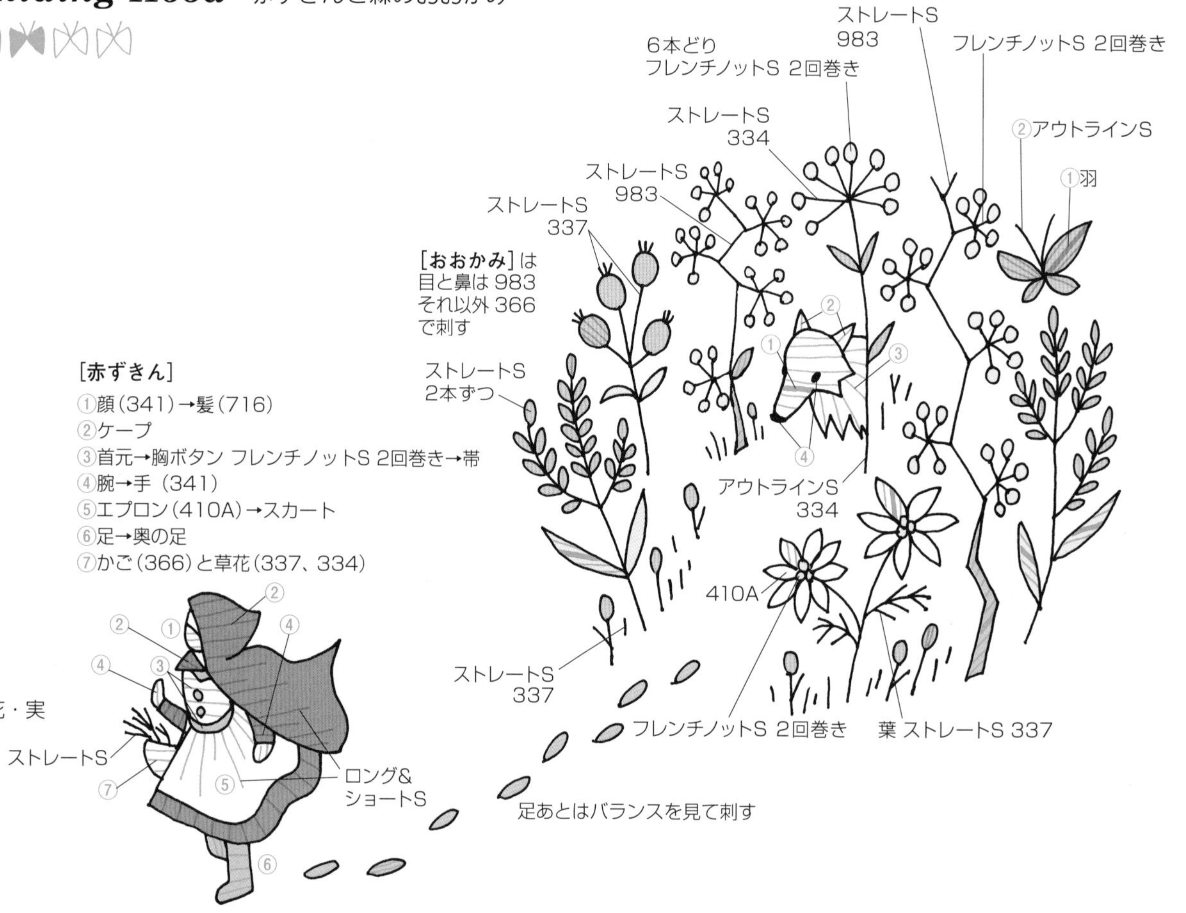

0 1cm

photo p.53

Level

材料

[刺繍糸]

〈お家〉

- 緑 337
- チャコール 895
- 黄 574
- 淡水色 410A

〈草花〉

- 緑 337
- 薄緑 334
- 淡水色 410A

[副資材]

3×4㎝の楕円形ブローチパーツ（木枠）

4×6㎝の楕円形ブローチパーツ（木枠）

刺し方

○ 指定以外2本どり

○ 指定以外サテンS

○〈草花〉

茎（指定以外337でアウトラインS）→花・実→葉

の順で刺す

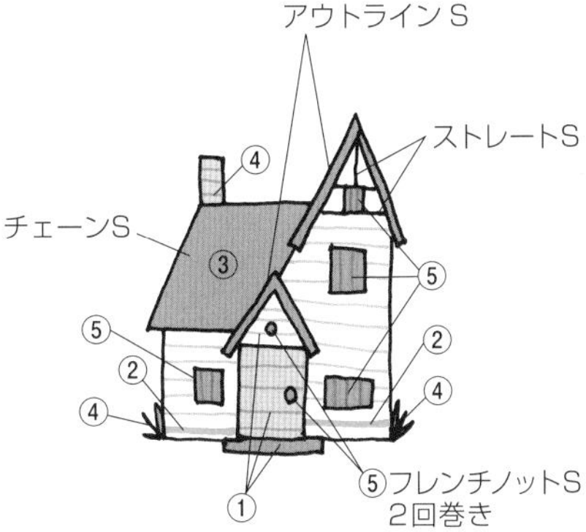

①ドア→ドア上→ドアの屋根→段

②左右の壁

③屋根

④煙突→草（337）

⑤③の上から窓など装飾

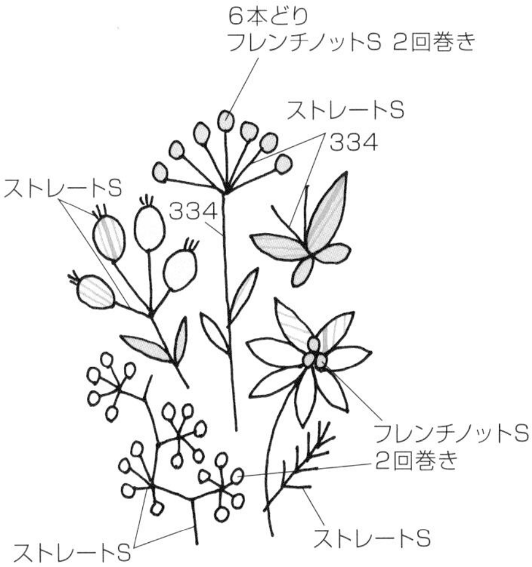

※背景のMAPはp.100
※ブローチの仕立て方はp.110

Running pattern 連続模様

page 58

ラウンドカラー page 59

ブラウスの襟に1色刺繍で。
メインの図案に、小さな連続柄を組み合わせました。

Running pattern 連続模様

photo p.56 *Level*

材料

［刺繍糸］

- 紺 169
- 薄ピンク 111
- 薄紅 105
- 薄茶 366
- 白 100

刺し方

○ すべて2本どり

○ 指定以外サテンS

○ 茎（169）→花・実
→葉 の順で刺す

0 1cm

photo p.57

Level

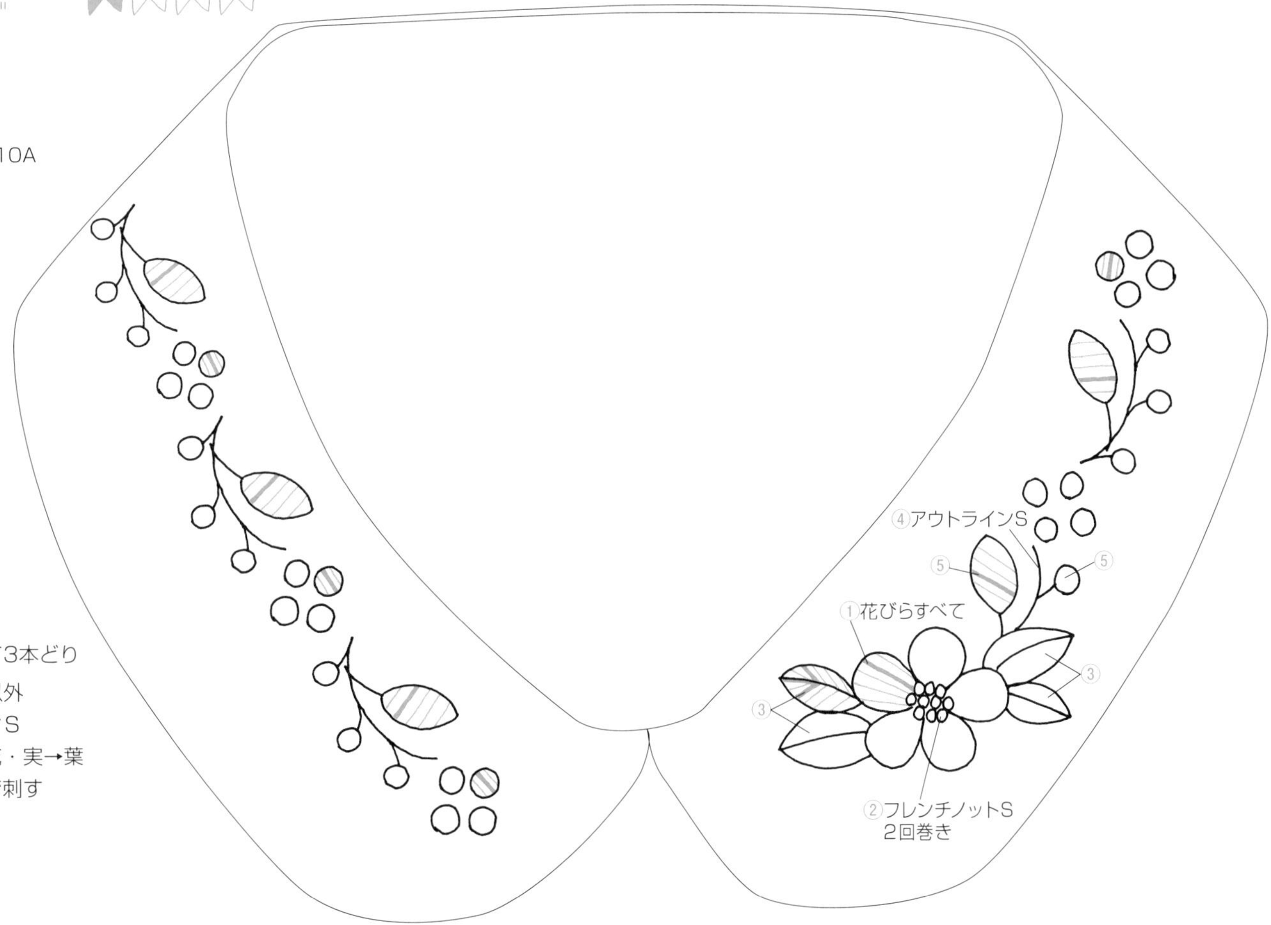

材料

[刺繍糸]

淡水色 410A

[副資材]

白の丸襟
ブラウス

刺し方

○ すべて3本どり

○ 指定以外
サテンS
茎→花・実→葉
の順で刺す

0 1cm

Animals in the forest 森の動物たち

page 62

リボン page 63

抜き出した図案を、リボンに連続刺ししています。
洋服や帽子に縫いとめたり、バッグに結んだり、用途も広がります。

Animals in the forest 森の動物たち

photo p.60 *Level*

材料

[刺繍糸]

- 青緑 375
- 水色 373
- グレー 2154
- 薄紅 105
- 白 100
- 薄茶 366
- 黄色 297

刺し方

○ 指定以外
　2本どり

○ 指定以外
　サテンS

刺し順

1 しか、うさぎ
2 背景の花
3 ちょうちょ

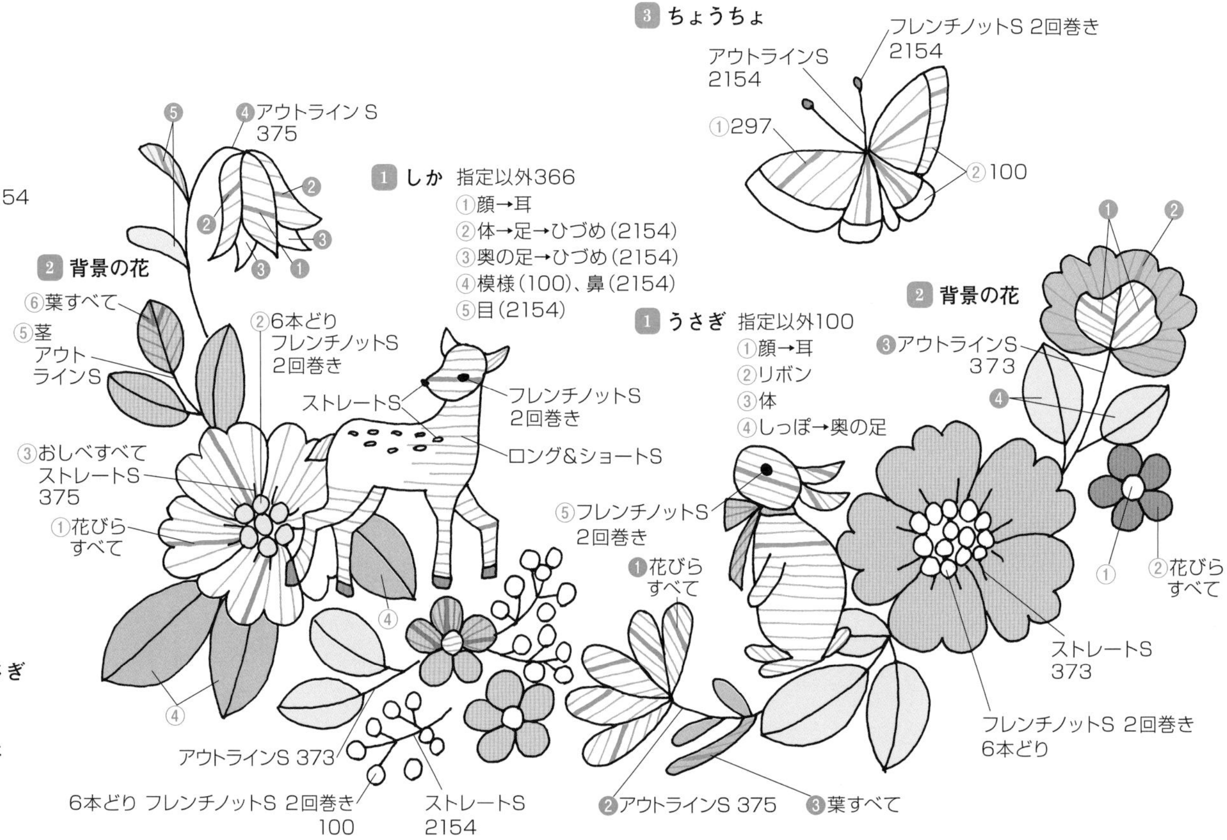

0 1cm

Animals in the forest 森の動物たち／リボン

photo p.61　*Level*

材料

［刺繍糸］

- 青 164
- 水色 2212
- 黒 600
- 白 100

［副資材］

幅5cmのリボン　黒

幅5.5cmのリボン　ストライプ

刺し方

○ すべて3本どり

○ 指定以外サテンS

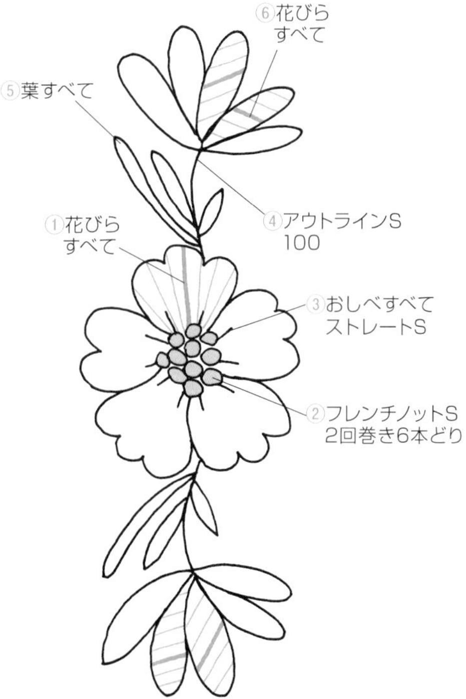

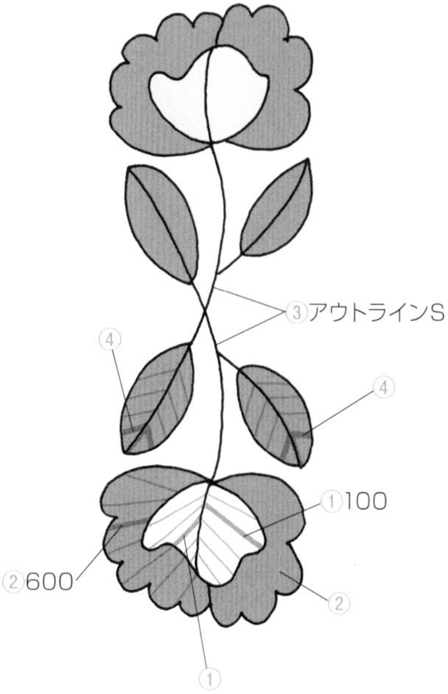

Canary and Owl in the forest カナリアの森とフクロウの森

page 66

page 67

Canary and Owl in the forest カナリアの森とフクロウの森

photo p.64,65 *Level*

材料

［刺繍糸］

- 緑 846
- こげ茶 477
- 黄色 300
- 薄緑 334
- 白 100

刺し方

- ○ 鳥は2本どり
- ○ 木は3本どり
- ○ 指定以外サテンS

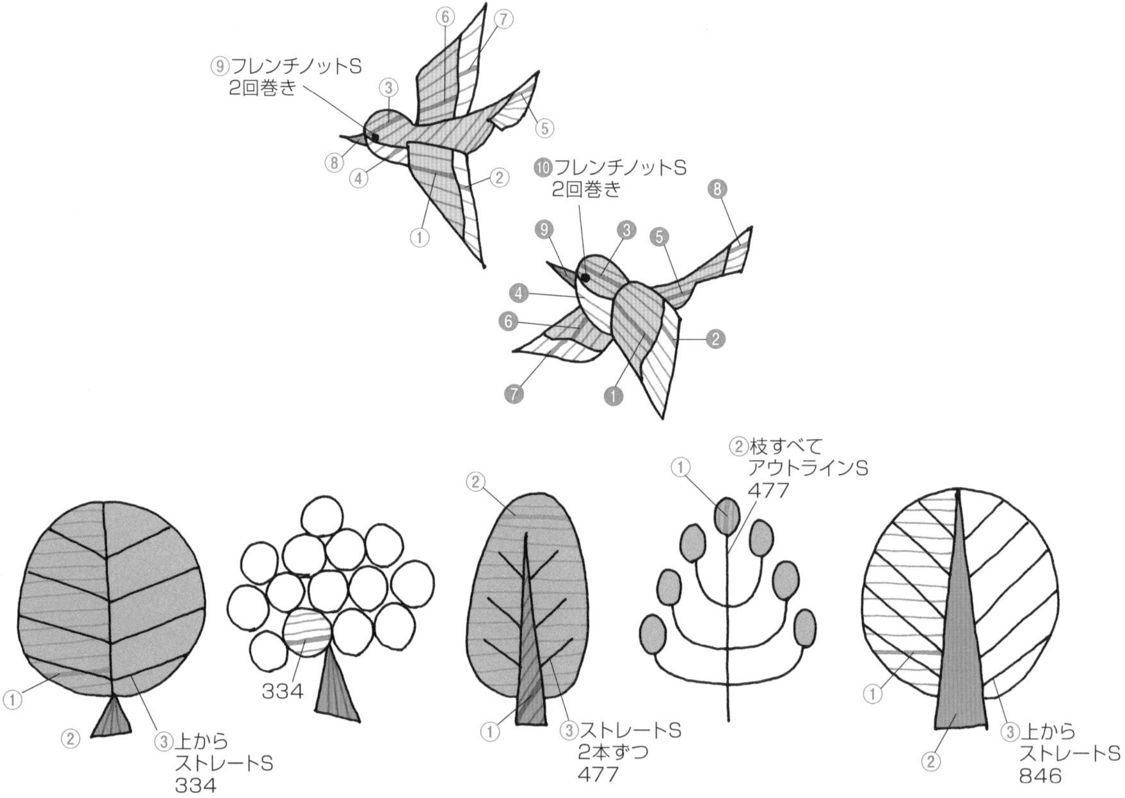

0 1cm

材料

［刺繍糸］

- 茶色 368
- 薄茶 366
- 水色 371
- こげ茶 477
- 黄色 300
- 薄緑 334

刺し方

○ 木は3本どり
それ以外は2本どり

○ 指定以外サテンS

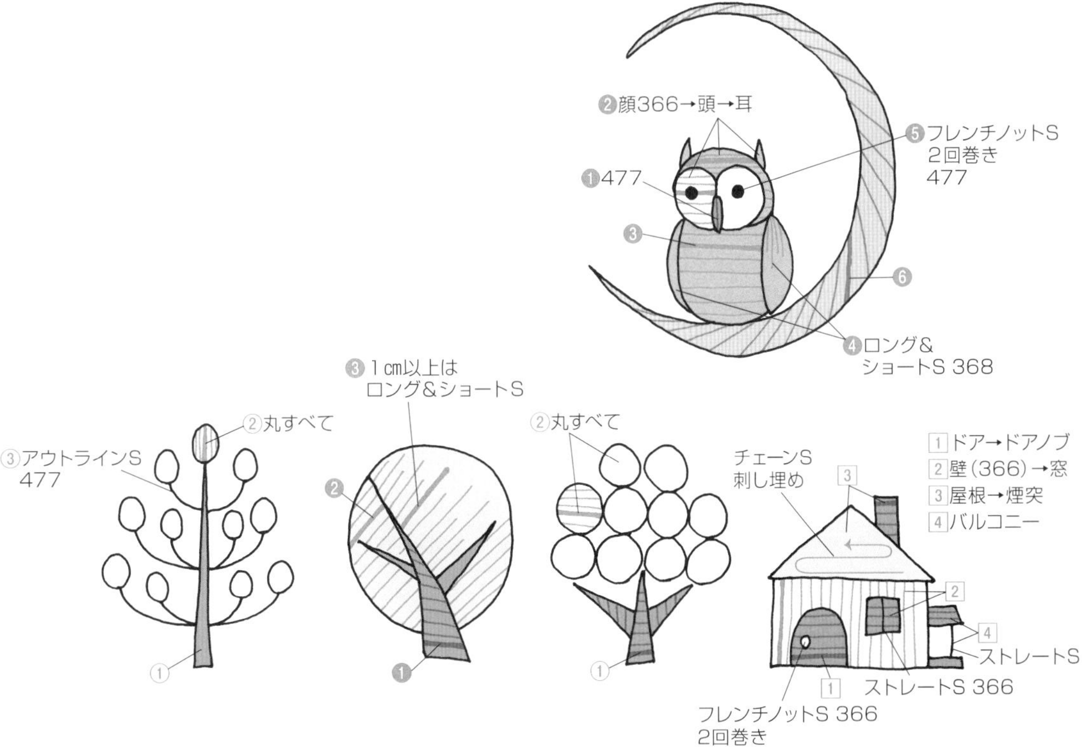

Fish aquarium 水族館のさかな

page 70

コースター page 71

線の図案を、サテンステッチで面にかえると
カラフルな熱帯魚の雰囲気に。

Fish aquarium 水族館のさかな

photo p.68 *Level*

材料

［刺繍糸］

青 415A

刺し方

○ すべて3本どり

○ 指定以外アウトラインS

○ 目はすべてフレンチノットS 2回巻き

■ アウトラインSで中を刺し埋める

▨ サテンS

0 1cm

Fish aquarium 水族館のさかな／コースター

photo p.69　*Level*

材料

［刺繍糸］

- 青 415A
- オレンジ 146
- 白 100

［副資材］

10㎝角の
水色、白のコースター（布製）

刺し方

○ すべて2本どり

○ 指定以外サテンS

○ 目は415Aで
　フレンチノットS 2回巻き

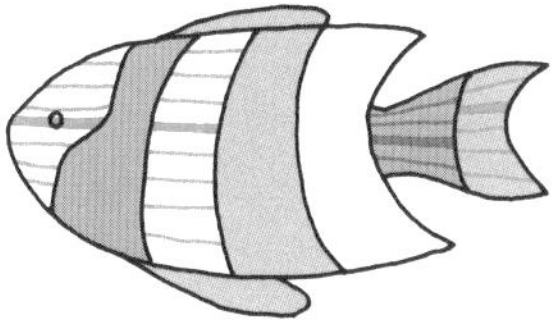

※シマシマ部分は好きな色から
まとめて刺してよい

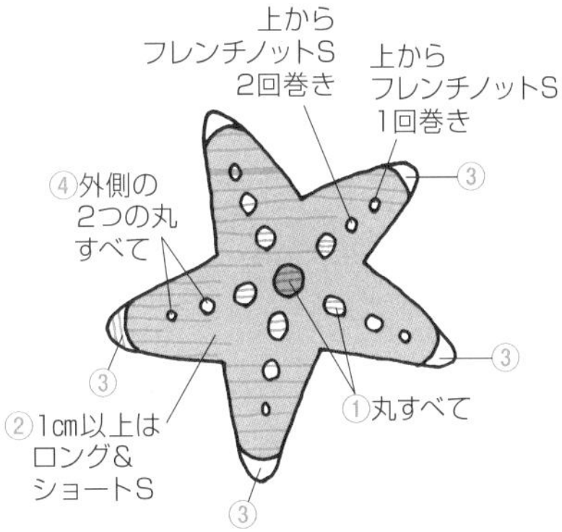

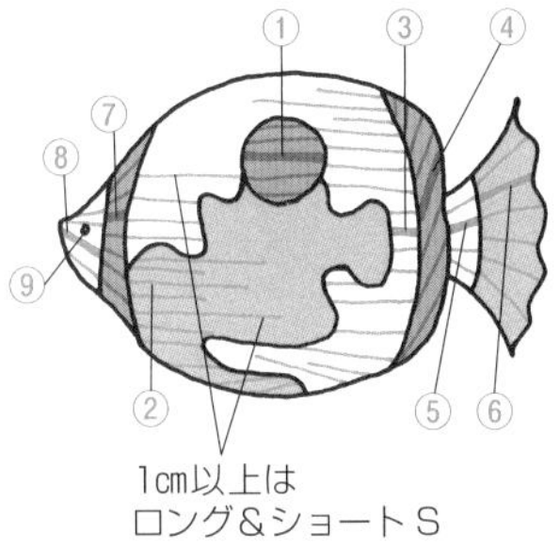

Airship 飛行船

page 74,75

page 99

Airship 飛行船

photo p.72　*Level*

材料

[刺繍糸]

- 青 2253
- 灰青 980
- 黒 600
- 赤 240
- 白 100

刺し方

すべて2本どり

指定以外サテンS

刺し順

1 **家**

2 **アーチ**

下の花から上へ向かって

順に刺す

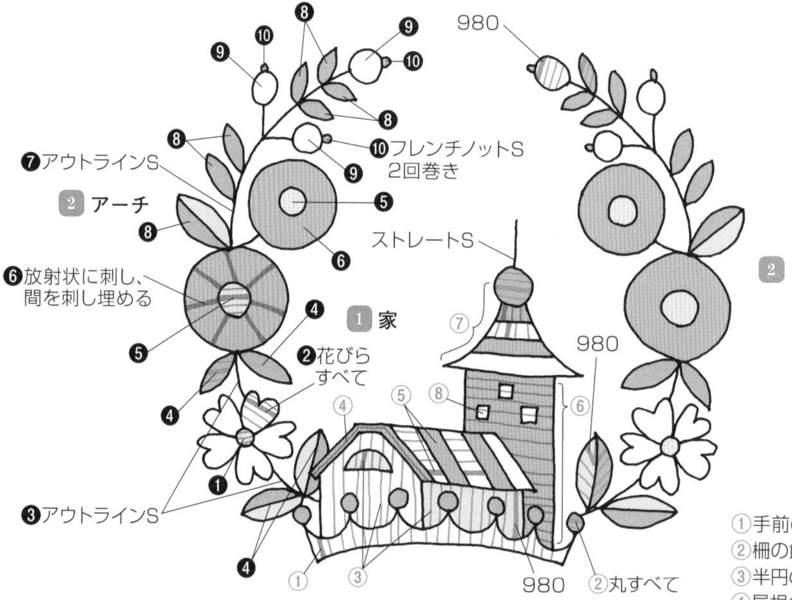

①手前の柵
②柵の飾りすべて
③半円の窓→壁→右手の壁
④屋根の端
⑤屋根の灰青→屋根の黒（交互に）
⑥塔
⑦塔の屋根→飾り
⑧塔の窓 ⑥の上から

0　1cm

材料

[刺繍糸]

- 青 2253
- 灰青 980
- 黒 600
- 赤 240
- 白 100

刺し方

○ すべて2本どり

○ 指定以外サテンS

○ 飛行船、花はどちらから刺してもよい

○ 好きな花から刺してよい

○ 茎アウトラインS→葉の順で刺す

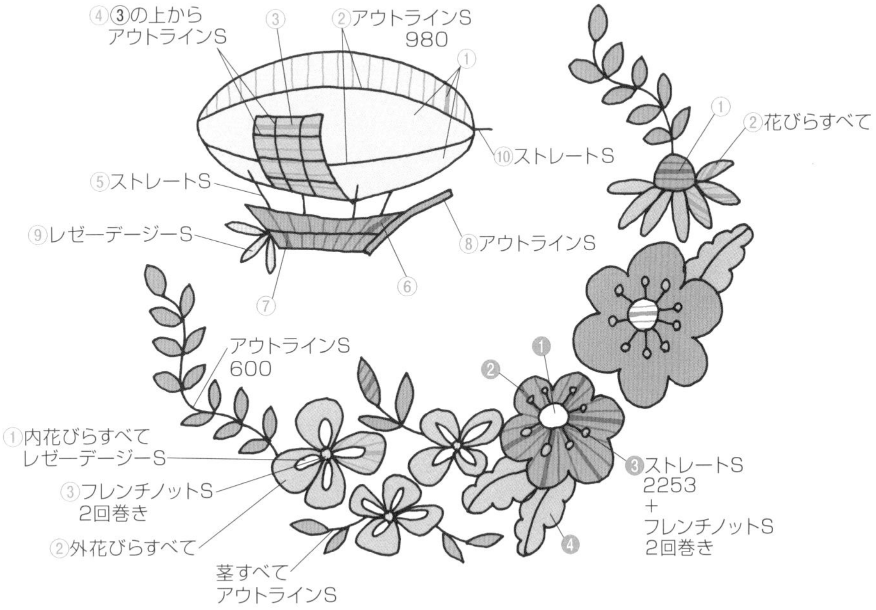

Sleeping Beauty ねむり姫

page 78,79

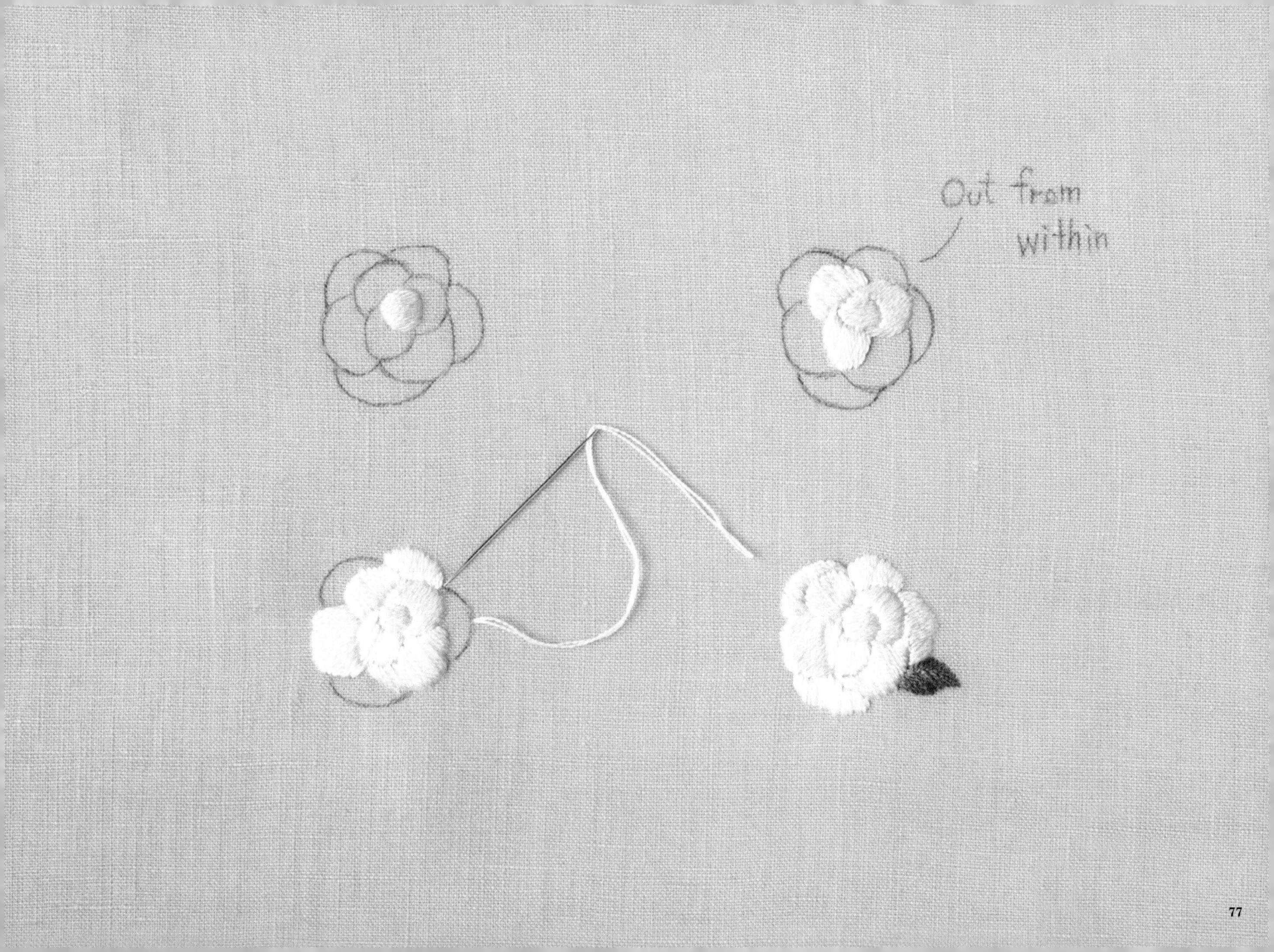
Out from
within

Sleeping Beauty ねむり姫

[実物大図案]

photo p.76 *Level*

材料

[刺繍糸]

- 濃ピンク 485A
- 薄紫 172A
- 茶色 368
- 緑 2535
- 薄オレンジ 341
- 淡水色 410A
- チャコール 895

刺し方

○ すべて2本どり

○ 指定以外サテンS

○ 好きなモチーフから刺してよい

○〈花〉
刺し順p.77参照
中心から外に向かって刺す

○〈葉〉
ベースの色→葉脈(ストレートS)

0 1cm

[拡大図解説]

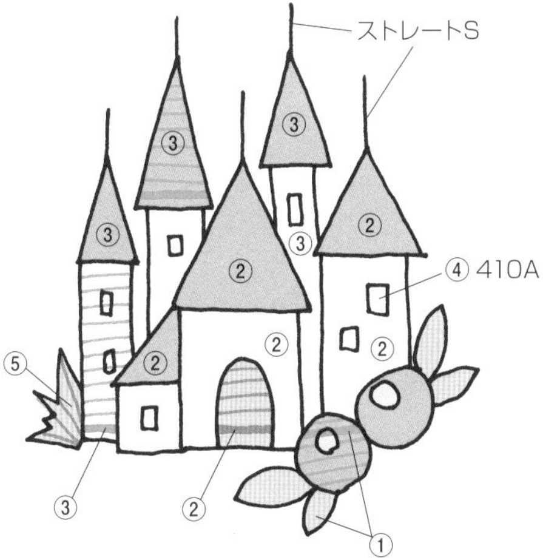

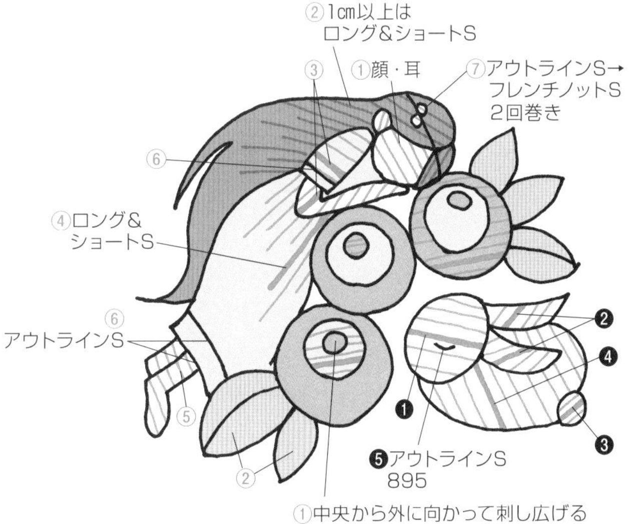

〈お城〉

①花 サテンSの上から花心→葉すべて
②3カ所の、ドア→壁→屋根
③残りの城　壁→屋根
④壁の上から窓すべて　410A
⑤しげみ

〈ねむり姫〉

①顔(341)→耳(341)
②髪
③袖→腕(341)
④ワンピース 胸→スカート
⑤足(341) 前の足→奥の足
⑥上から服の飾り(485A)
⑦髪飾り(2535, 410A)

Sheeps ひつじ

Level

材料

[刺繍糸]

黒 600

茶色 575A

白 100

刺し方

○ 指定以外2本どり

○ 指定以外サテンS

○ バイオリンSを連続して刺す場合

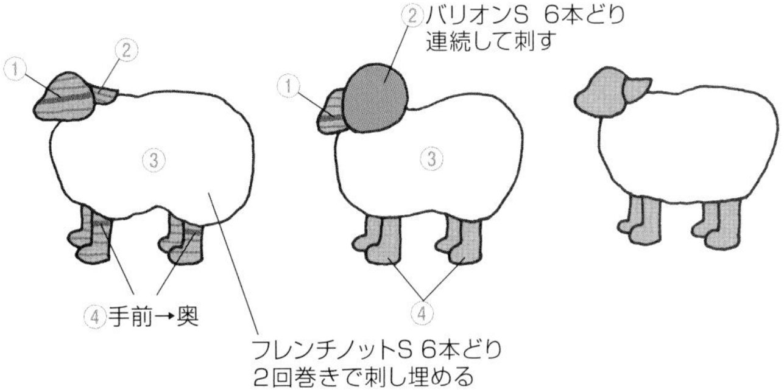

Mushroom and Hedgehog きのことはりねずみ

Level

材料

[刺繍糸]

- 赤 2241
- こげ茶 312
- 茶色 716
- 黄緑 632
- 黄色 574
- 緑 537
- 薄茶 366
- 白 100

刺し方

- ○ すべて2本どり
- ○ 指定以外サテンS
- ○ 好きなモチーフから刺してよい

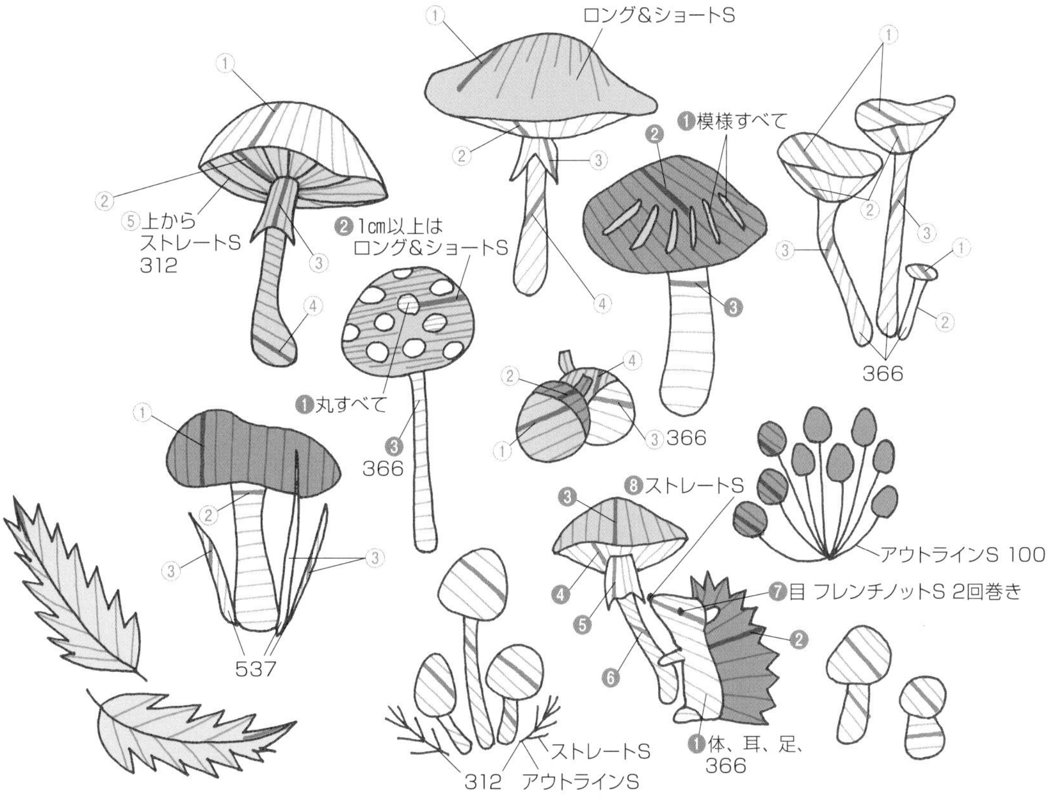

Pegasus ペガサス

Level

材料

［刺繍糸］

黒 600

黄色 297

刺し方

○ 指定以外２本どり

○ 指定以外サテンS

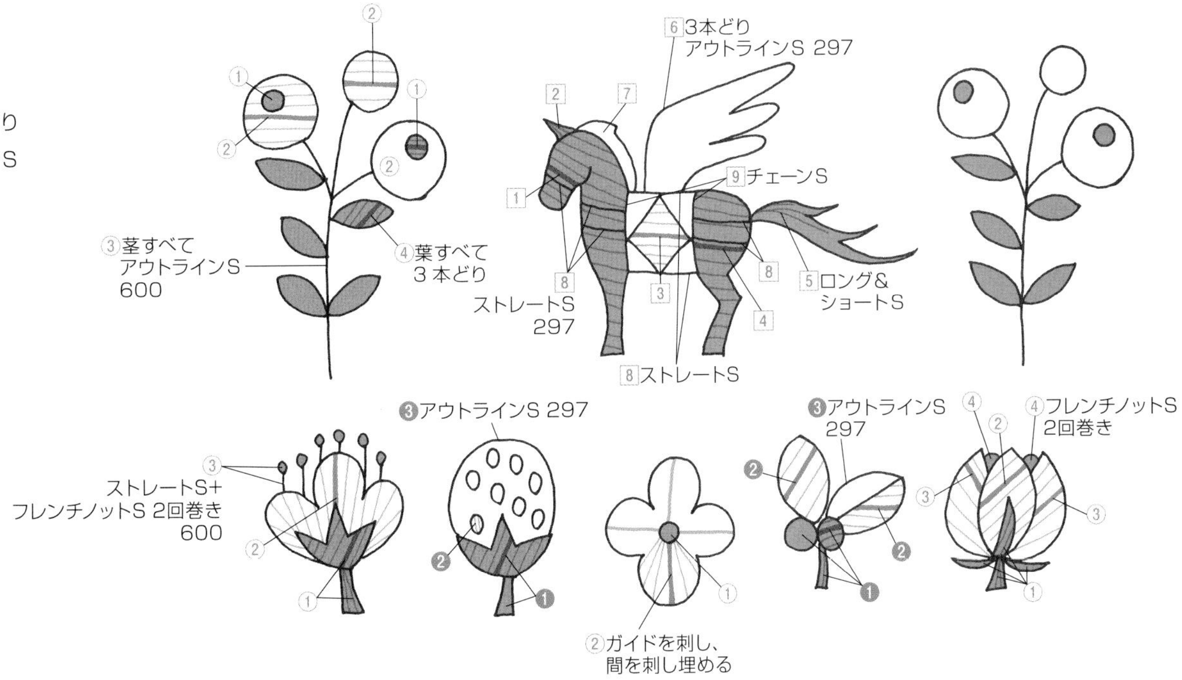

Bear in the forest 森のくま

Level

材料

[刺繍糸]

- 薄茶 366
- 赤 800
- グレー 2154
- 白 100
- 青緑 375

刺し方

○ 木はすべて3本どりバックS

○ 指定以外サテンS

Alice in Wonderland 不思議の国のアリス

page 89.90

Level

材料

[刺繍糸]

黒 600

水色 412

薄紫 172A

濃ピンク 506

黄色 820

薄オレンジ 341

白 100

刺し方

○ すべて２本どり

○ 指定以外サテンS

刺し順

1 アリス

2 リボン

3 花

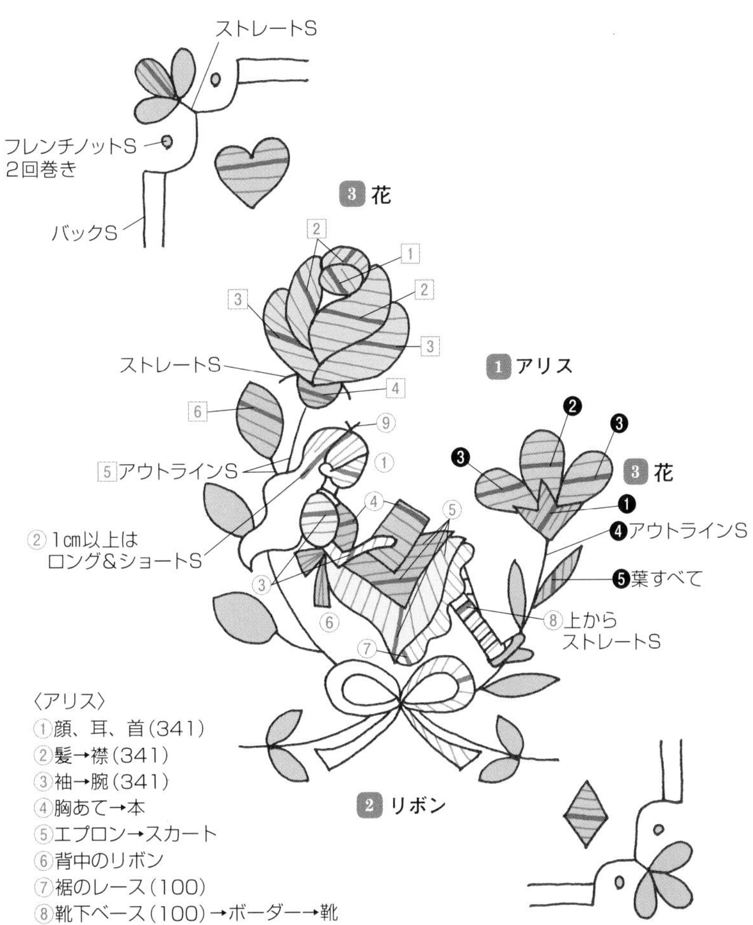

〈アリス〉

①顔、耳、首（341）

②髪→襟（341）

③袖→腕（341）

④胸あて→本

⑤エプロン→スカート

⑥背中のリボン

⑦裾のレース（100）

⑧靴下ベース（100）→ボーダー→靴

⑨カチューシャ ストレートS

※うさぎはp.90

0 1cm

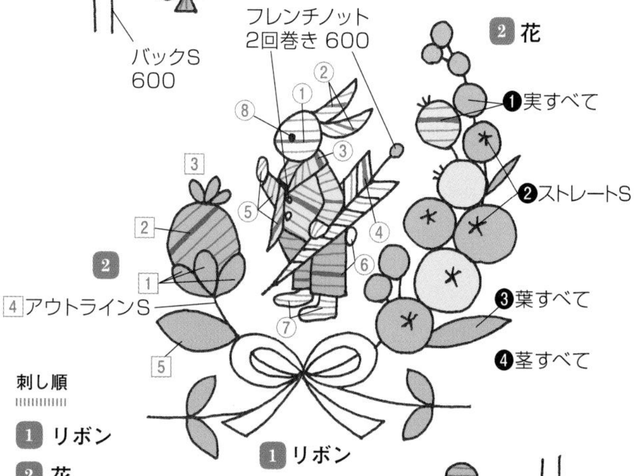

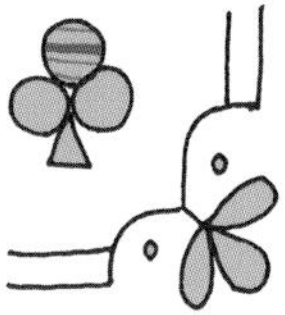

刺し順

1 リボン

2 花

〈うさぎ〉

①顔

②耳

③襟→手前の腕→手

④傘（上からストレートS）

⑤ジャケット→奥の腕→手

⑥ズボン→しっぽ

⑦足

⑧目 フレンチノットS 2回巻き

⑨ボタン フレンチノットS 2回巻き

0 1cm

Pin cushion ピンクッション

photo p.49 *Level*

材料

［刺繍糸］

- 青 166
- 水色 372
- 黄色 298
- 黄色 297
- 白 100

刺し方

○ すべて２本どり

○ 指定以外サテンS

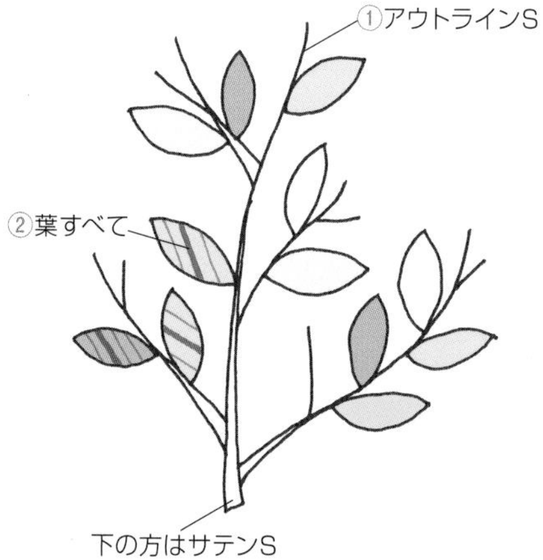

※ピンクッションの仕立て方はp.110

Winter 冬

photo p.28　*Level*

材料

[刺繍糸]

- 赤 2241
- 茶色 716
- 薄茶 366
- 緑 2535
- チャコール 895
- 白 100

刺し方

○ トナカイは2本どり

○ それ以外は3本どり

○ 指定以外サテンS

○〈草花〉
実→茎(2535)→
葉の順で刺す

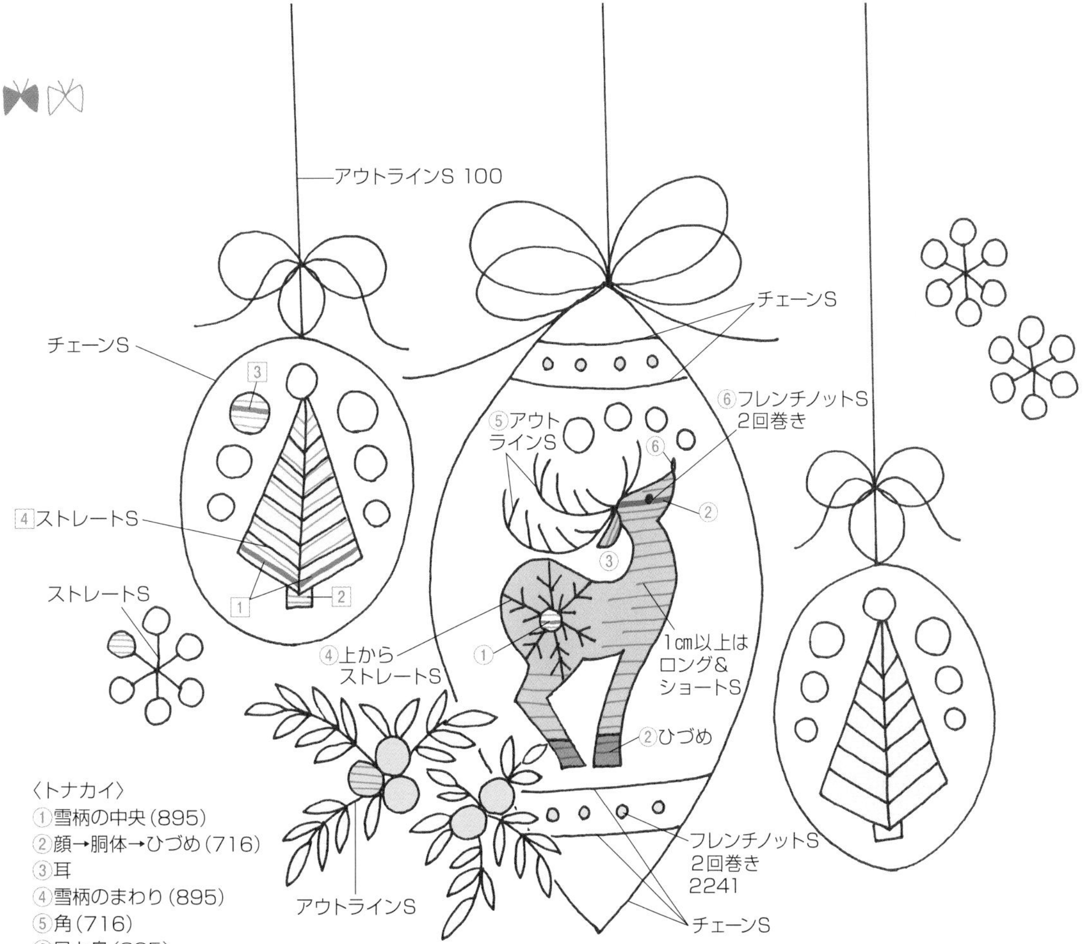

〈トナカイ〉
1雪柄の中央(895)
2顔→胴体→ひづめ(716)
3耳
4雪柄のまわり(895)
5角(716)
6目と鼻(895)

0　1cm

Winter 冬／ブローチ

photo p.29　*Level*

材料

［刺繍糸］

薄緑 2535

黒　600

グレー 152A

黄色 820

白　100

［副資材］

４×６㎝の楕円形ブローチパーツ

直径４㎝の円形ブローチパーツ

刺し方

○ すべて２本どり

○ 指定以外サテンS

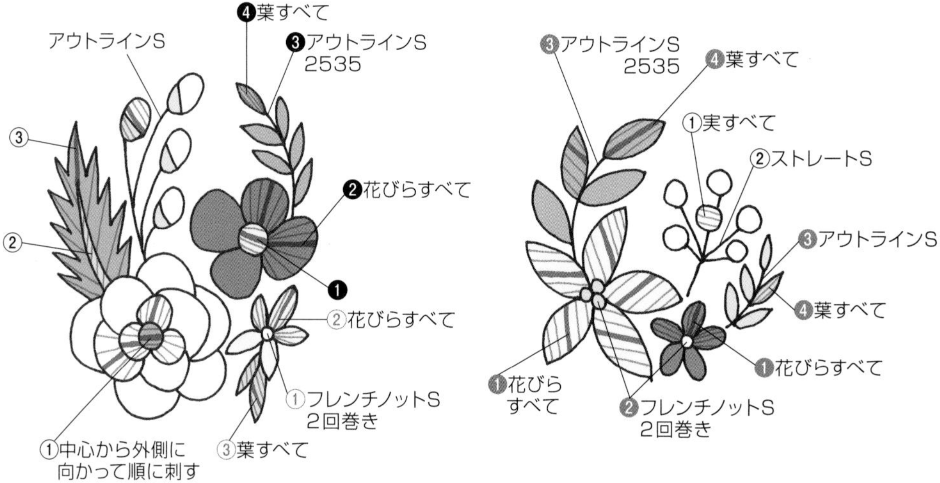

0　1cm

材料

［刺繡糸］

黒　600

刺し方

○ すべて2本どり
　バックS

Butterfly ちょうちょ

photo p.34　*Level*

材料

[刺繍糸]

- 青 167
- 水色 372
- 黄色 298
- 淡水色 410A

刺し方

○ 指定以外2本どり

○ 指定以外サテンS

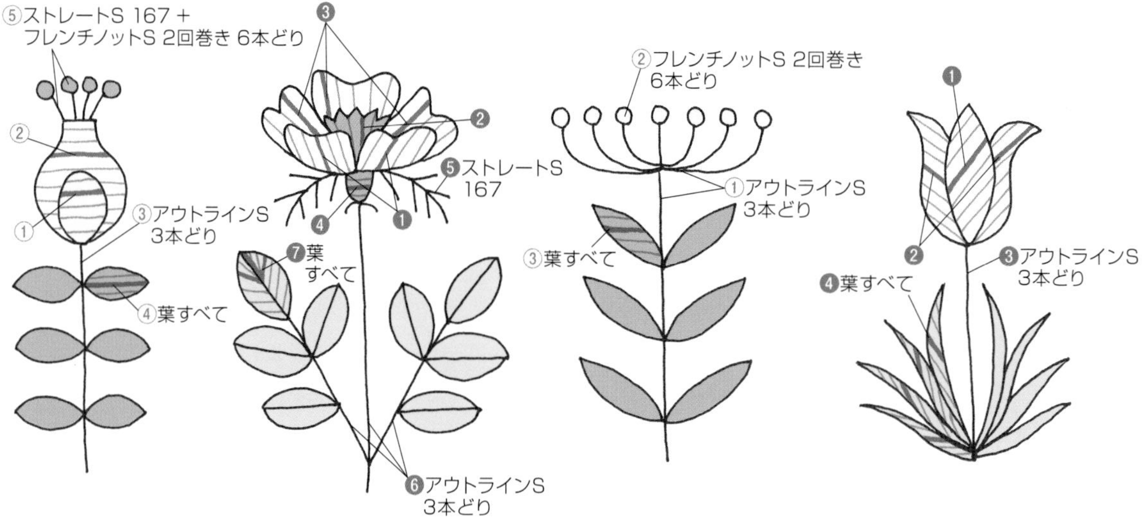

0　1cm

Butterfly ちょうちょ／3色のハンカチ

photo p.35 *Level*

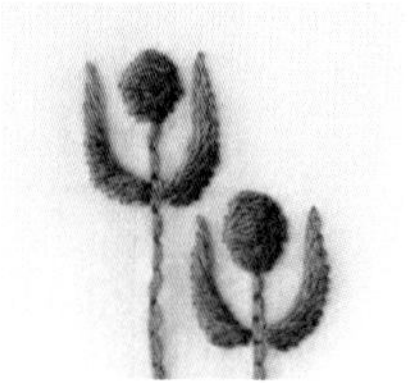

材料

［刺繍糸］

青 526

白 100

［副資材］

ハンカチ　青、白、黄色

刺し方

○ 指定以外2本どり

○ 指定以外サテンS
茎→葉・実・花
の順で刺す

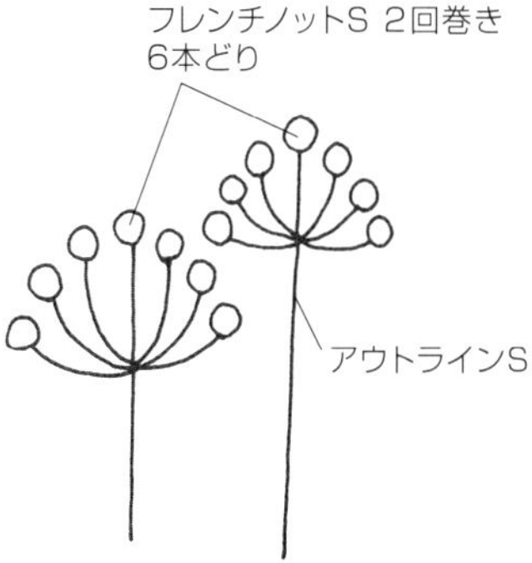

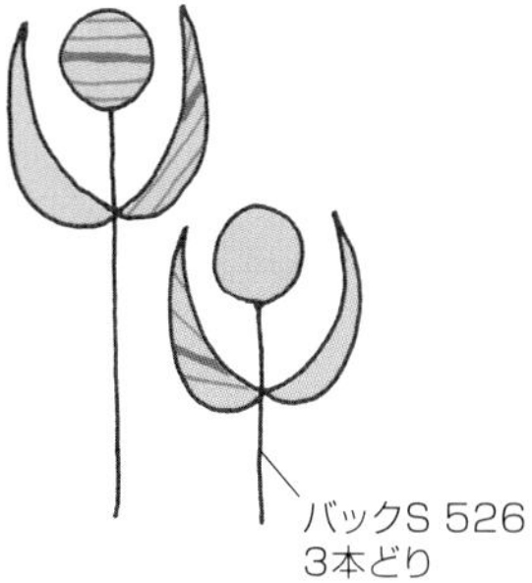

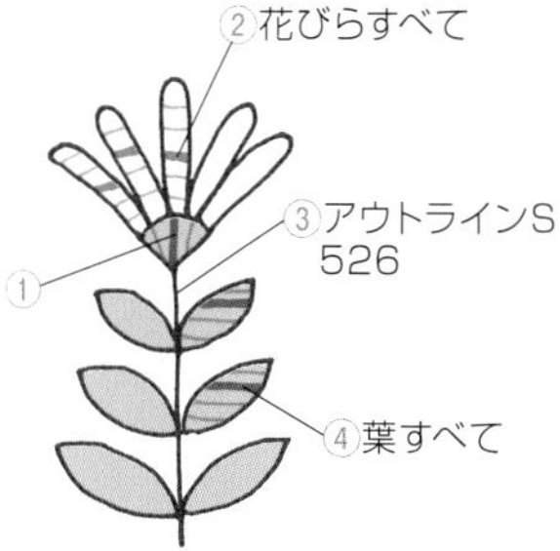

Spring 春

photo p.36　*Level*

材料

［刺繍糸］

- 青 165A
- 淡水色 410A
- オレンジ 145

刺し方

○ 指定以外2本どり

○ 指定以外サテンS

○ 茎はすべて3本どり、
指定以外アウトラインS

○ 花びらは1㎝以上は
ロング＆ショートS

○ ★の花、実、葉は
2本どり
茎→花・実・葉の
順で刺す

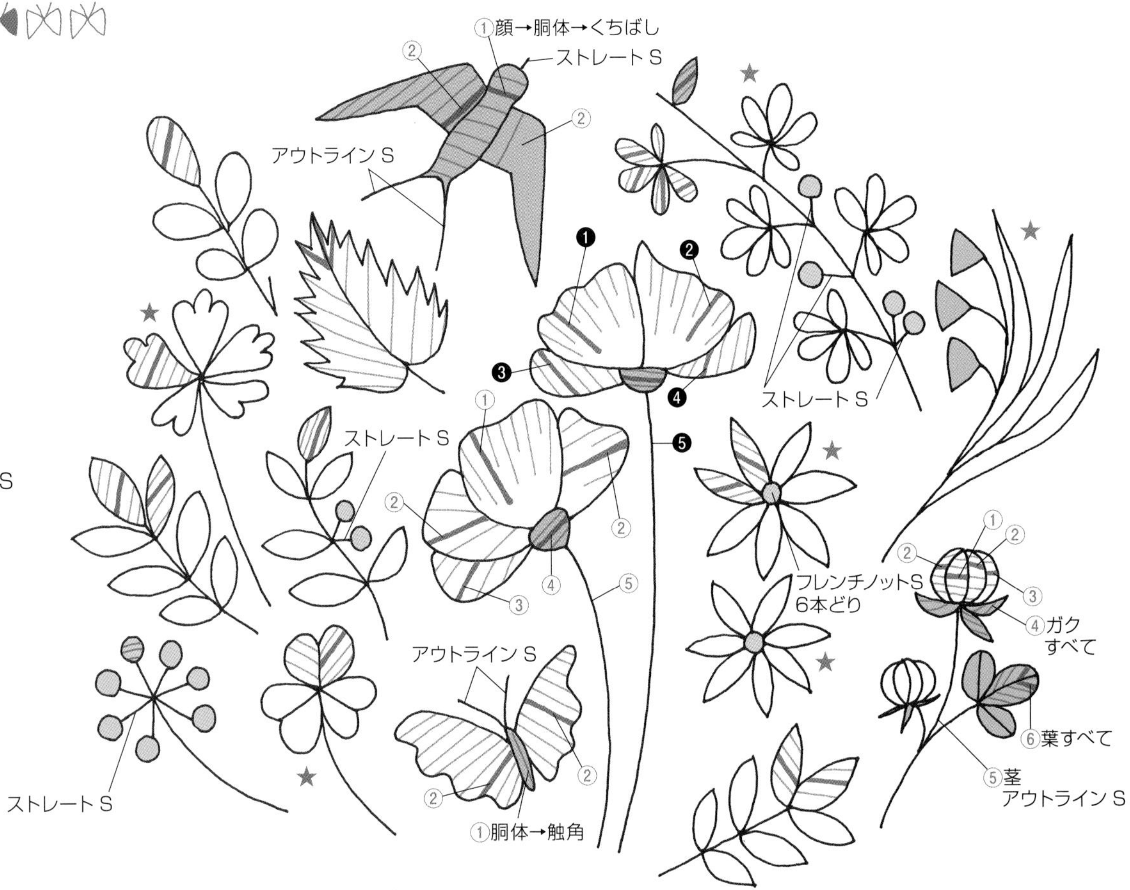

0　1cm

Spring 春／カード

photo p.37

Level

材料

[刺繍糸]

- 水色 412
- 緑 337
- オレンジ 145
- 紫 663

[副資材]

2つ折りカード　水色、白

刺し方

○ すべて2本どり

○ 指定以外サテンS

○ 茎は指定以外
　アウトラインS

Magnolia&Willow tit モクレンとコガラ

photo p.38 *Level*

材料

[刺繍糸]

- 青 164
- チャコール 895
- 黄色 297
- 白 100

刺し方

○ すべて2本どり

○ 指定以外サテンS

○ 茎はすべてアウトラインS

○ 花びらは1cm以上はロング&ショートS

刺し順

1 **手前の花**

2 **コガラ**

3 **奥の花**

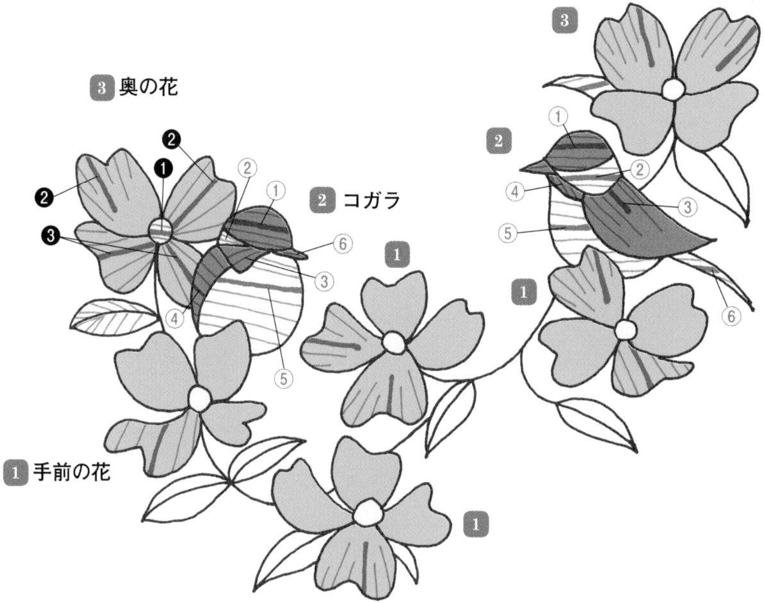

0 1cm

Airship 飛行船

photo p.73　*Level*

材料

［刺繍糸］

- 青 2253
- 灰青 980
- 黒 600
- 青紫 2664
- 薄紫 172A
- 白 100

刺し方

○ すべて2本どり

○ 指定以外サテンS

○ 茎はアウトラインS

刺し順

1 家

2 両脇の花

下の花から上へ順に刺す

①中央の塔→上から窓
②右の小屋の屋根→壁
③左の建物の入り口→壁
④③の上の窓→壁
⑤右の建物の窓→壁
⑥右の屋根の半円→屋根
⑦左の建物の屋根
⑧右の塔
⑨左の塔

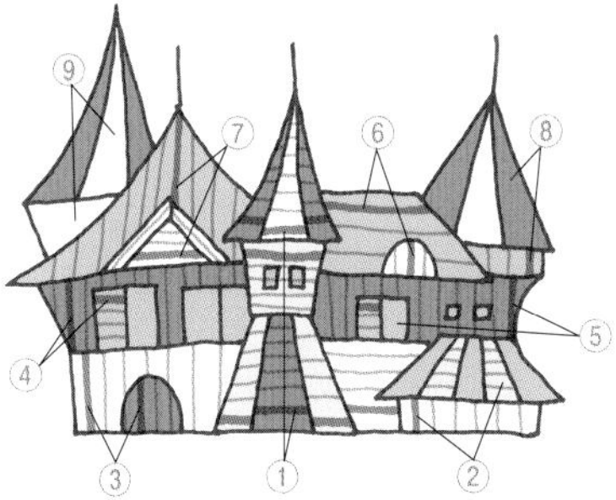

1 家

0　1cm

Little Red Riding-Hood 赤ずきんと森のおおかみ

photo p.53

Level

材料

［刺繍糸］

チャコール 895

刺し方

○ すべて２本どり

○ 指定以外バックS

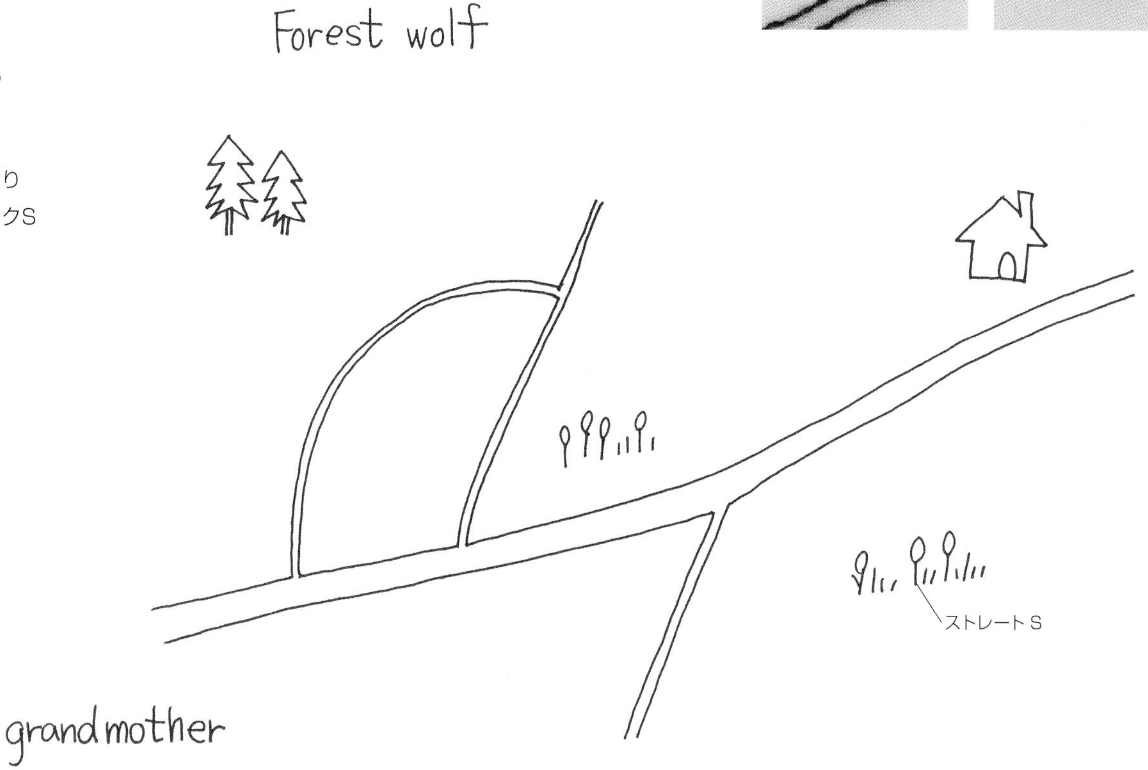

0 1cm

Flower 花

photo p.24.25　*Level*

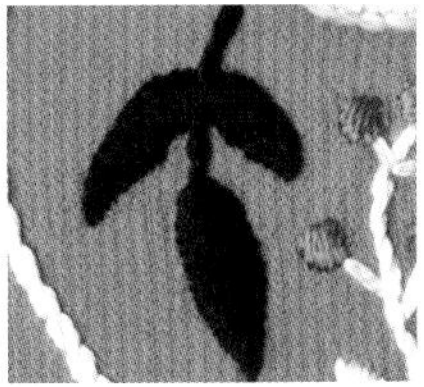

材料

［刺繍糸］

- 黒 600
- 緑 2319
- 黄色 300
- 赤 2241
- 白 100

〈p.25〉［刺繍糸］

- 黒 600
- 青 164
- オレンジ 145
- 白 100

刺し方

○ すべて3本どり

○ 指定以外サテンS

○ 茎はアウトラインS

○ 好きなモチーフから刺してよい

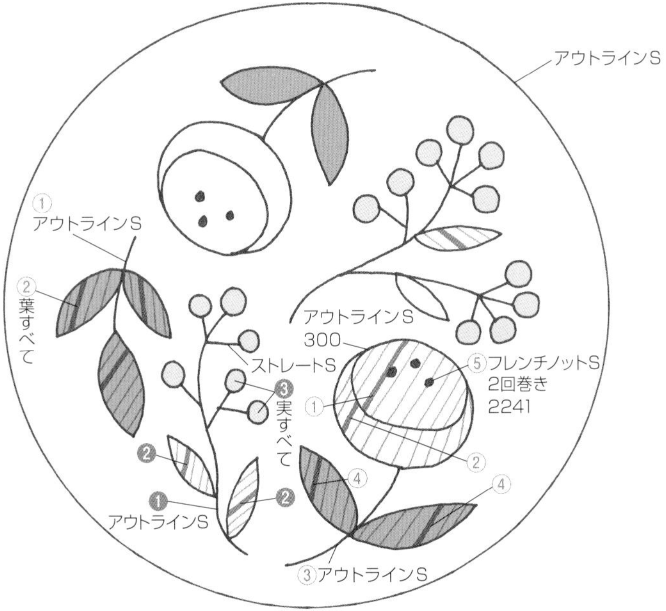

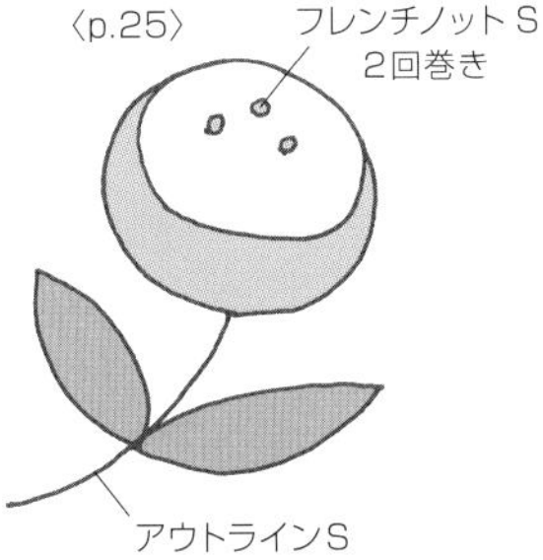

刺繍の基本

材料と用具

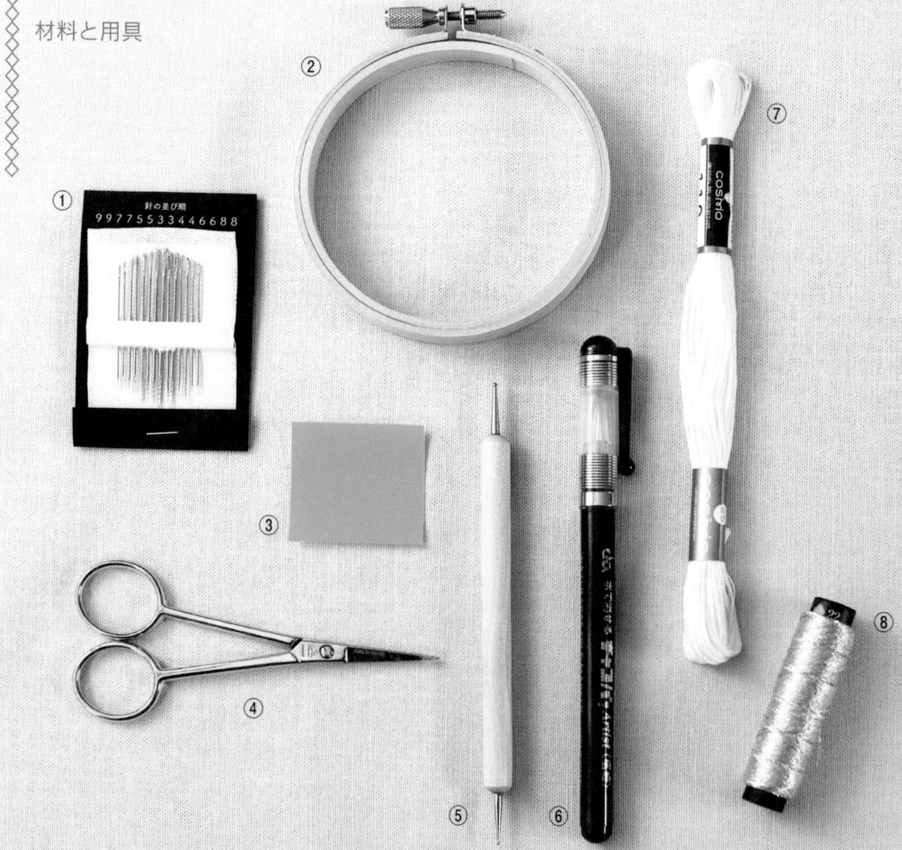

① 針

フランス刺繍針。刺繍糸の本数に合わせて太さを使い分ける。

② 刺繍枠

刺繍しやすいよう、布を張っておくための枠。直径8〜10cmが使いやすくおすすめ。

③ 複写紙（チャコピー®）

刺繍用複写紙（片面）図案を布に写すときに使う。ここでは水で消えるタイプを使用。色の濃い布には白い複写紙を使用する。

④ 糸切りばさみ

刺繍糸を切るときに使う。先端が尖っているものが使いやすい。

⑤ トレーサー

複写紙を使って、図案を布に写すときに使う。ボールペンなどでも代用可。

⑥ チャコペン

複写紙で写した図案が薄いときなどに描き足す。ペン先が細く、水で消えるタイプが使いやすい。色が濃い布には白いペンなどを使用する。

⑦ COSMO25番刺繍糸

カラーバリエーションが豊富なコットン糸。6本どりの状態を、刺しやすい長さにカットし、指定の本数取り出して使う。最初に糸全体をカットして束ねておくと使いやすい。

⑧ 金糸

刺繍用ラメ糸。糸巻きから出した状態を「1本どり」として使う。撚りがほどけやすいので、玉結びをして使う。本誌ではCOSMOにしきいとを使用。

この本の図の見方

刺し方図は指定以外実物大で掲載しています。
掲載されている糸の色番号はCOSMO25番刺繍糸（ルシアン）のものです。
色番号の指定がない場合は写真を参照しながら刺しましょう。

●作品名

Magnolia&Willow tit モクレンとコガラ

photo p.38　*Level*

●口絵のページ

材料

［刺繍糸］

●図の中の色の表記

- 青 164 ── ●使用した糸の色番号
- チャコール 895
- 黄色 297
- 白 100

刺し方

- ○ すべて2本どり
- ○ 指定以外サテンS
- ○ 茎はすべてアウトラインS
- ○ 花びらは1㎝以上はロング＆ショートS

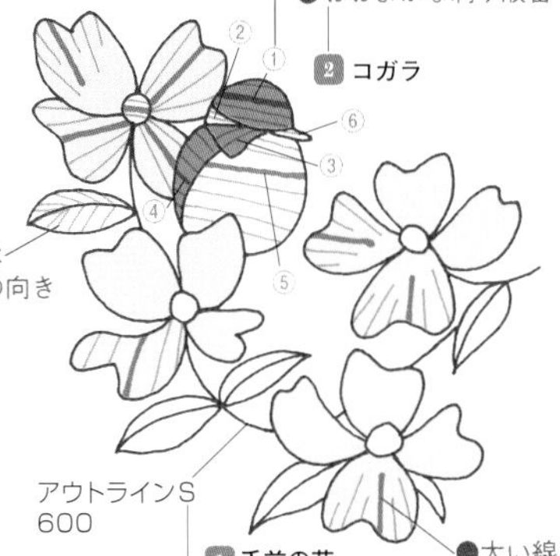

刺し始める前に

型紙の写し方

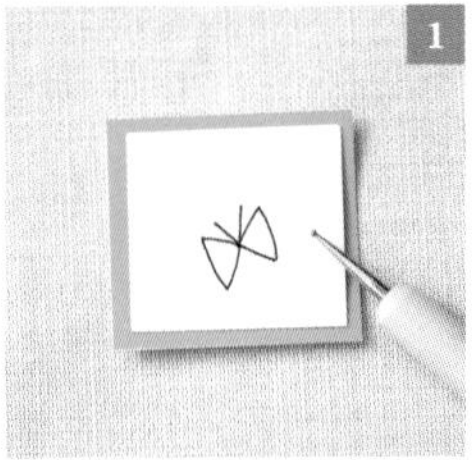

1 布の上に複写紙を、インク面を下にして置き、上に図案をのせてトレーサーでなぞる。

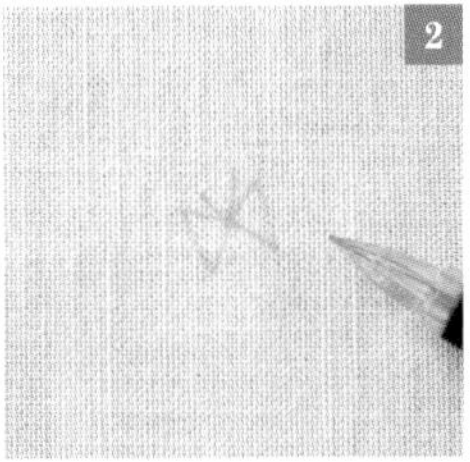

2 図案の薄いところはチャコペンで描き足す。

作品レベルについて

刺繍の難易度を以下のように分けて表記しています。作品を選ぶときの目安にしてください。

- *Level* 1 はじめて刺繍をする人向けの図案
- *Level* 2 少し頑張ればできるやさしい図案
- *Level* 3 ちょっとだけコツがいる図案
- *Level* 4 根気よく時間をかければできる図案

◇ 刺し始め

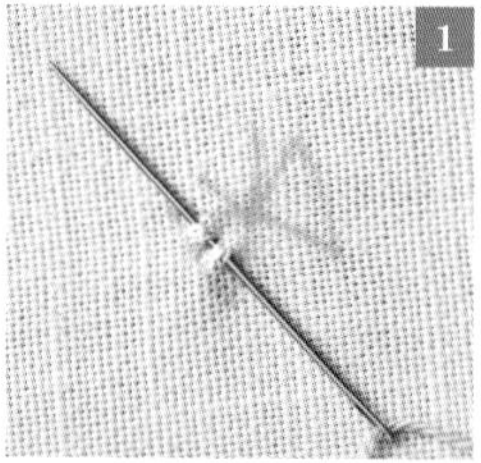

1 図案の中央、刺し埋めて隠れるところに2目、表側から針を入れてなみ縫いをする。

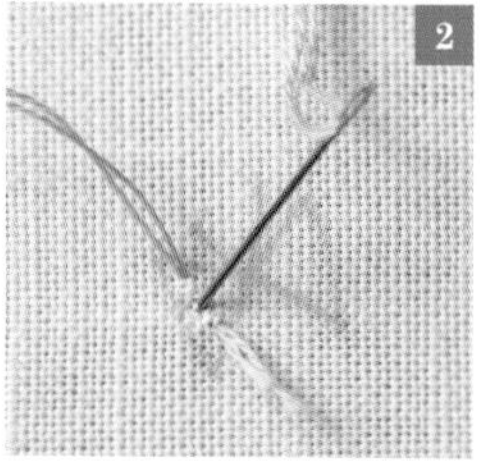

2 糸端が1cm程度になるまで糸を引き、ひと目戻ったところに針を刺す。糸が絡まり、抜けなくなる。

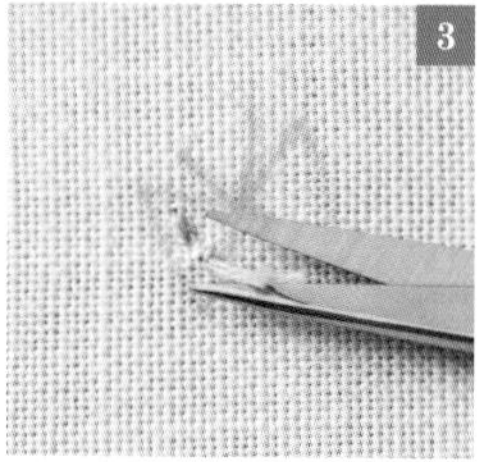

3 表側の糸端をぎりぎりでカットする。

◇ 刺し終わり

裏側に渡っている糸に2回ほど絡めて通し、糸をカットする。

◇ 図案の消し方

刺し終わったときに図案の線が見えていたら、水をつけた綿棒で少しずつぬらして消す。先にアイロンをかけるとインクが定着してしまうことがあるので、必ずアイロンの前に消す。

◇ 糸のつぎ方

次の糸を針に通し、裏側に渡っている糸に2回ほど絡めて通し、表側に出して刺し始める。

◇ アイロンのかけ方

裏側からアイロンをあて、少し布を引っ張りながらかけると刺繍のすき間のシワがのびやすい。

ステッチガイド

サテンステッチ

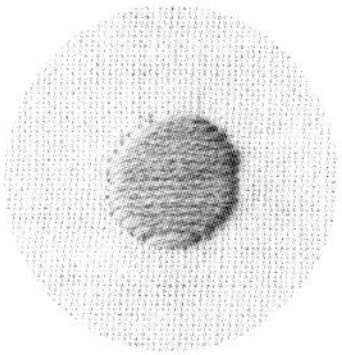

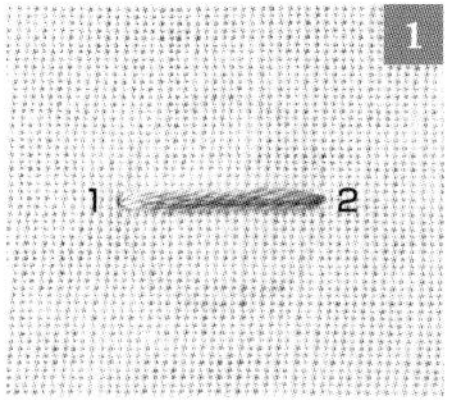

1 刺し始めるパーツの中央に、基準となる1本を刺す。1から出して2に針を入れる。

2 1、2をくり返して図案の片側を端まで埋める。糸が平行に並ぶように刺す。

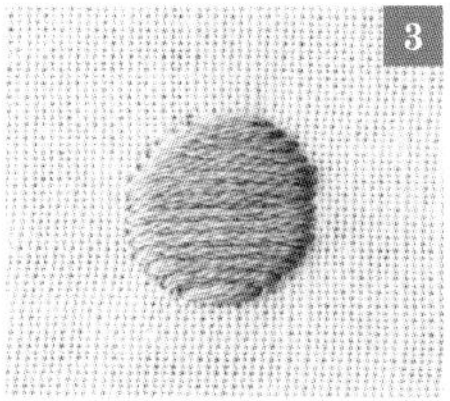

3 もう片側を中央から同様に刺して埋める。

ロング＆ショートステッチ

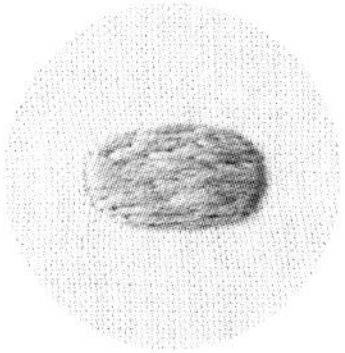

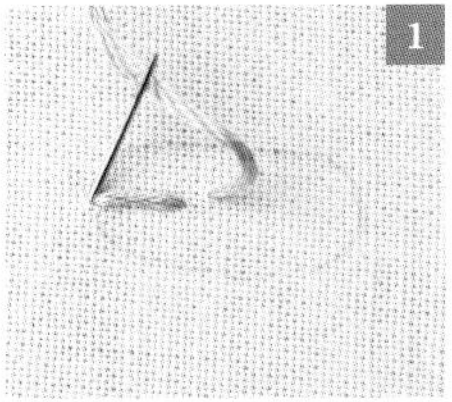

1 パーツの中央に基準となるひと目を刺す。続けて、針目の長短を交えながら平行に刺す。

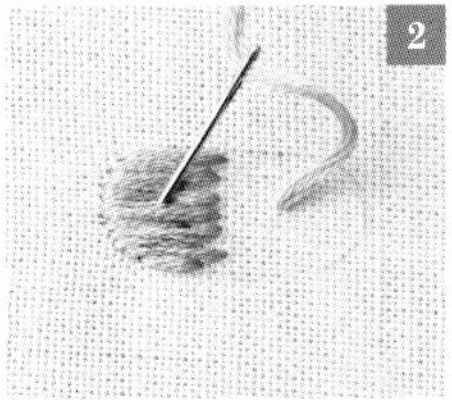

2 平行に刺し埋めたら、少し先に針を出し、前のステッチの間を割るように刺す。長短を交えながら平行に刺す。

3 パーツの端まで同じようにくり返す。

バックステッチ

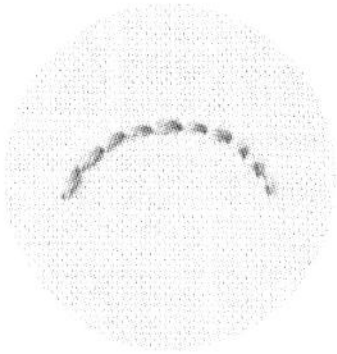

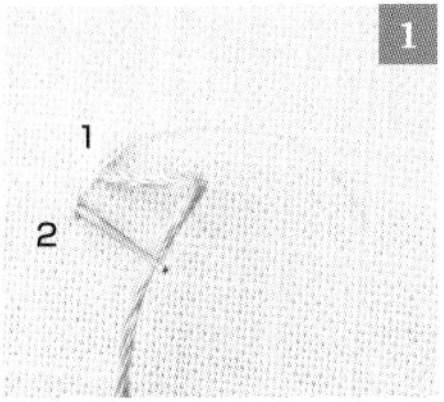

1 1から針を出し、戻って2に針を入れる。

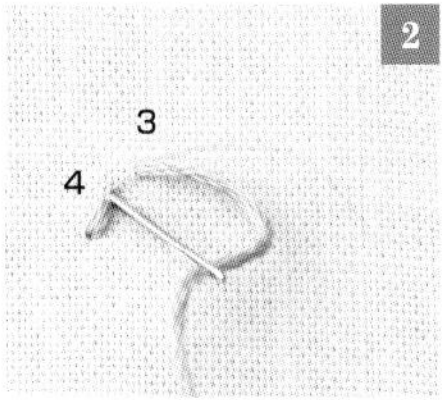

2 3から針を出し、4（1と同じ穴）に針を入れる。これをくり返す。

アウトライン・ステッチ

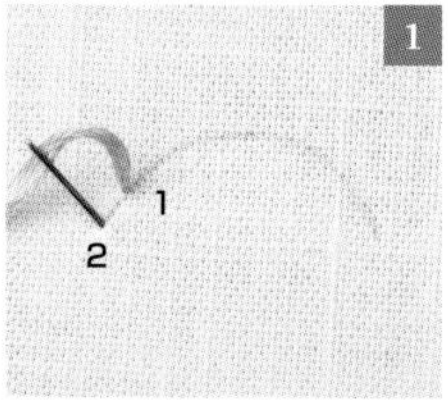

1 1から針を出し、戻って2に針を入れる。

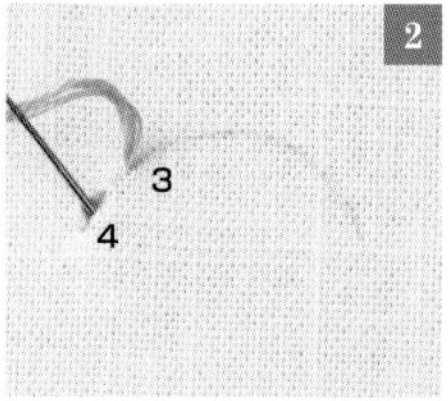

2 3から針を出し、1と2の間に、糸を割らないようによけながらライン上に針を入れる。

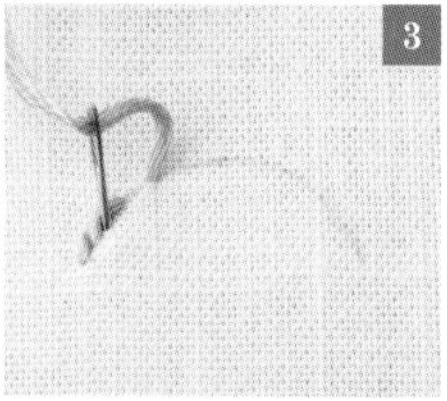

3 3と4をくり返す。

フレンチノット・ステッチ

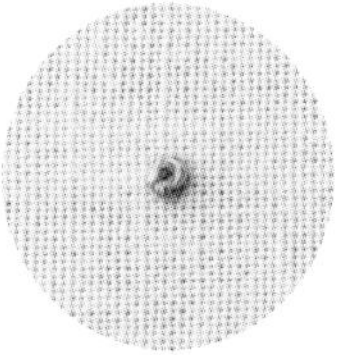

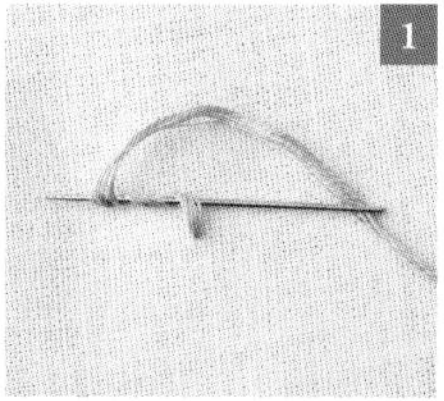

1 針を出し、糸を指定の回数針に巻きつける。写真は2回巻いたところ。

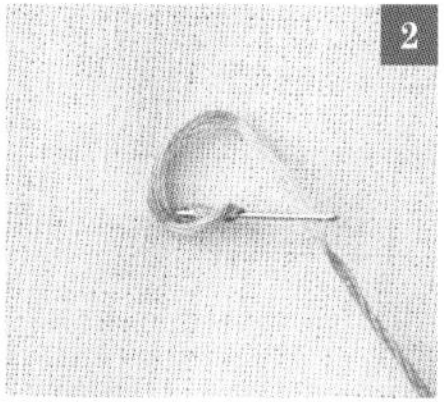

2 1で針を出したすぐ隣に針を入れる。

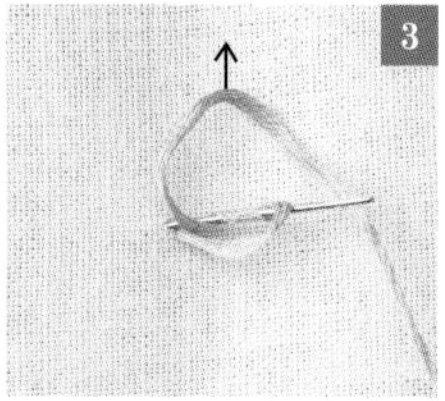

3 矢印の糸を引いて、布に近いところにノットができるように寄せ、針を裏側に出す。

レゼーデージー・ステッチ

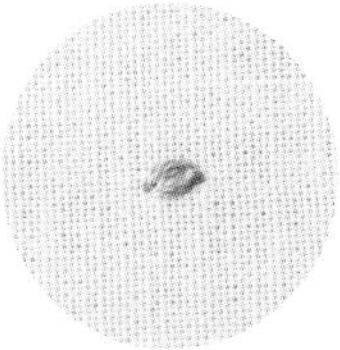

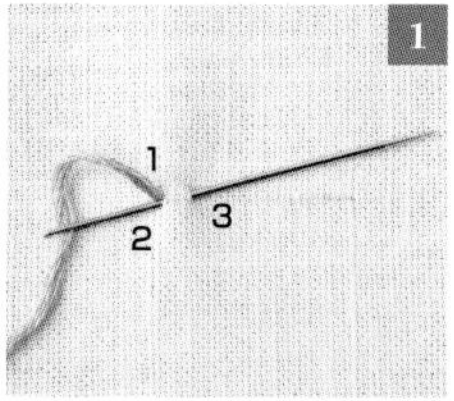

1 1から出し、2に入れて3から出し、その状態でとめる。

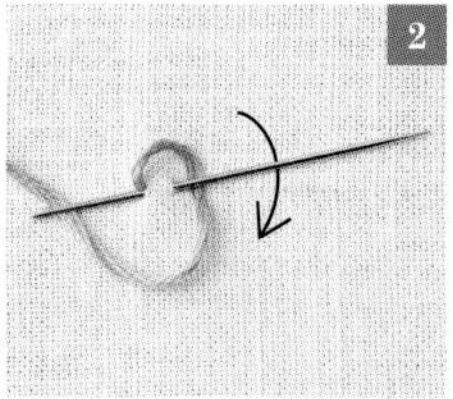

2 矢印のように、針に糸をかける。

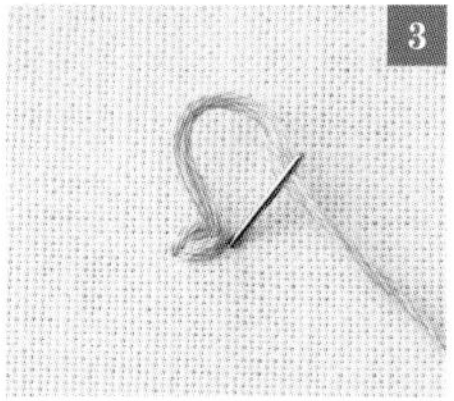

3 針を抜き、輪の外側から3と同じ位置に針を入れる。

ストレート・ステッチ

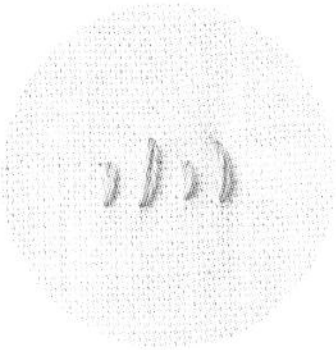

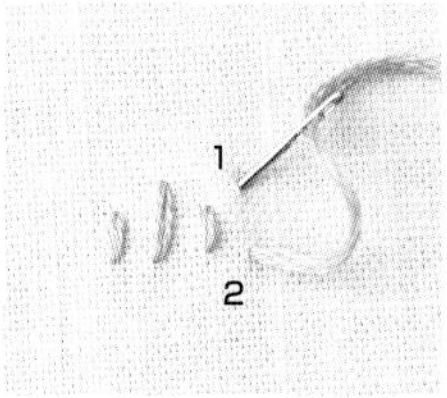

1から針を出して、2に針を入れる。

レゼーデージー・ステッチ＋ストレート・ステッチ

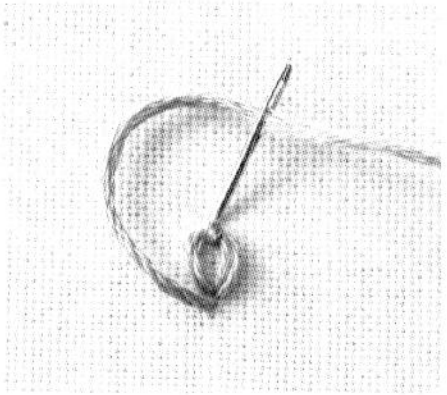

レゼーデージーを刺したら、刺し始めから針を出し、重ねるようにストレートステッチを刺す。

チェーン・ステッチ

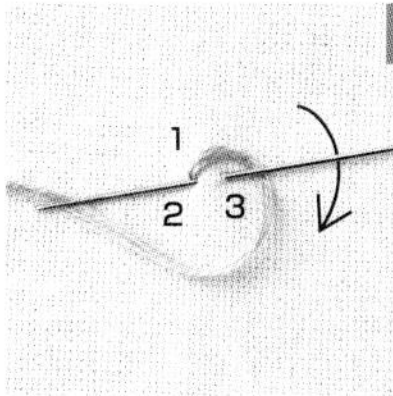

1 レゼーデージー・ステッチの2まで、同様に刺し、針を抜く。

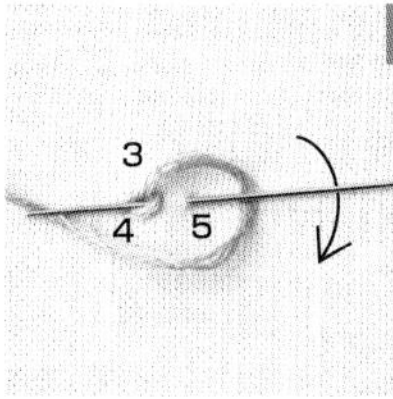

2 （チェーンの中、3のすぐ隣）に針を入れ、5から出して糸をかける。

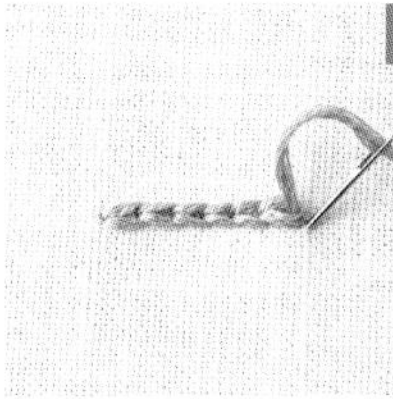

3 同じ要領で、針を入れて糸をかける、をくり返す。刺し終わりは輪の外に針を入れる。

Point

＜チェーンを輪につなぐとき＞

最初のひと目に写真のように針を通してから、最後に作った輪の中に針を入れると輪がつながる。

＜四角く刺し埋めるとき＞

チェーン・ステッチで往復しながら四角い図案を刺し埋めていくと、端にすき間ができる。その場合、すき間にストレート・ステッチ（写真の黄色い糸）を刺すとすき間が埋まる。

フライ・ステッチ

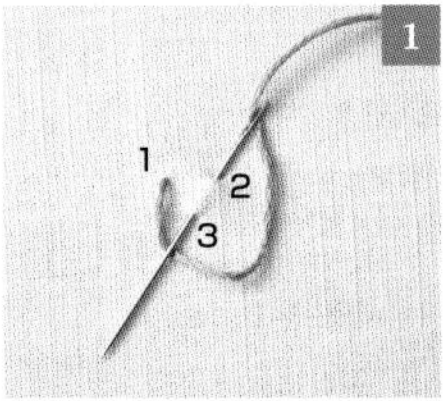

1から出し、真横の2に入れて3から出し、糸を針にかける。

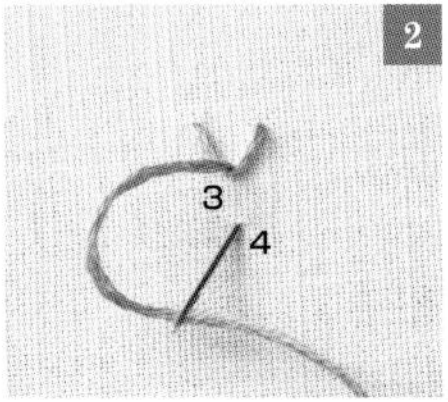

かけた糸がVの字になるように引き、4に入れる。

バリオン・ステッチ

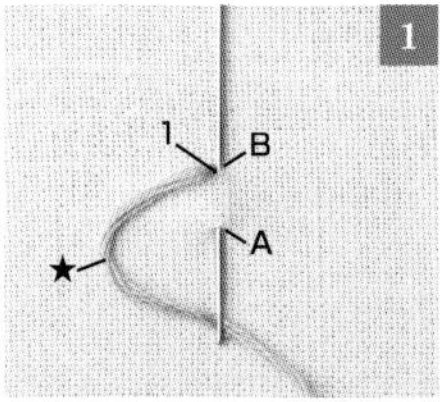

1から針を出し、ステッチしたい位置A～Bをすくう。★を持ち10回針に巻く。

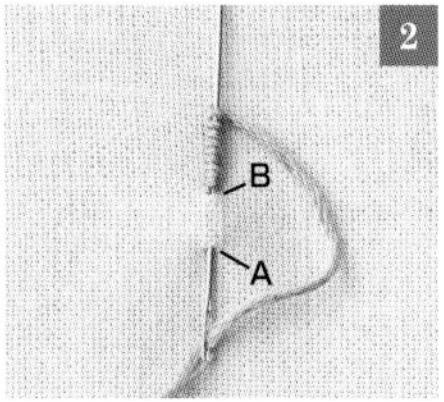

糸巻きつけたところ。※少しゆるく巻いておくと後で針を抜きやすい。

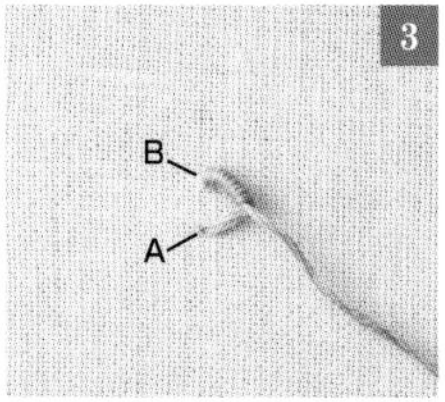

針に巻きつけた糸を指でおさえながら針を抜く。（写真は抜いたところ）

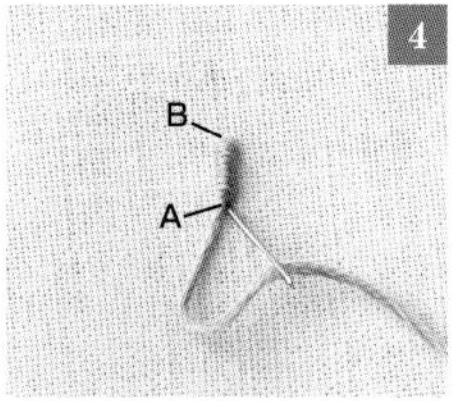

Aのすぐ隣に針を入れる。

バリオンノット・ステッチ

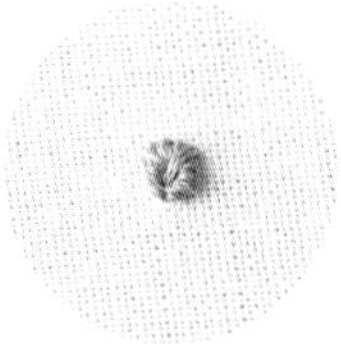

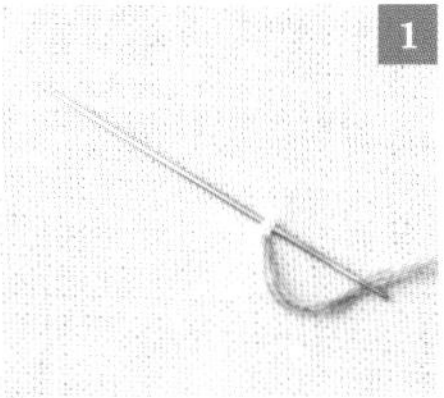

1 針を出し、すぐ隣を少しだけすくう。

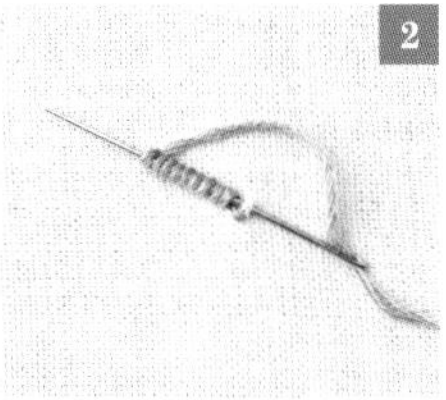

2 糸を約10回針に巻きつける。
※少しゆるく巻いておくと後で針を抜きやすい。

3 針に巻きつけた糸を指でおさえながら針を抜く。(写真は抜いたところ)

4 さらに糸を引くと、巻いた糸が丸くなる。

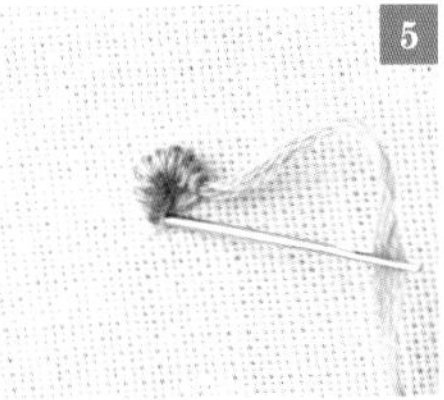

5 根元に針を入れる。

6 円の縁、5の向かい側の位置から針を出し、中心に針を入れてとめる。

[仕立ててある巾着に刺繍をする場合]

(わかりやすいように刺繍したものに
枠をはめています)

1

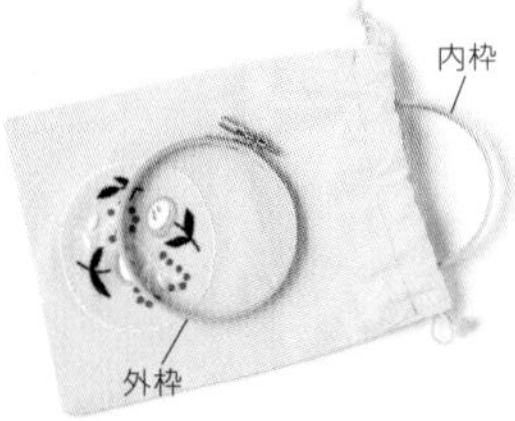

巾着の中に内枠を入れて刺繍したい位置に合わせ、表から外枠をはめる。

2

巾着の口を広げ、裏に布がかぶらないように写真のようにする。

Basic Sewing

基本の仕立て

ブローチ

1 布端をぐし縫いする

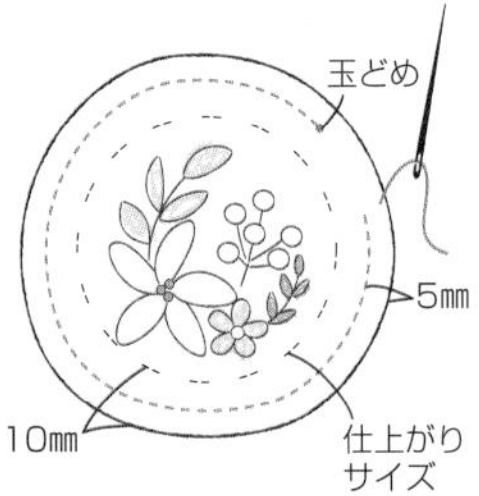

2 プレートをくるんで引き絞る

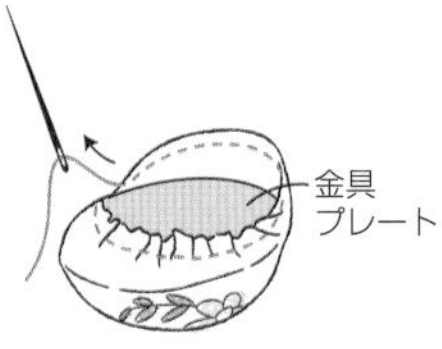

3 星形にひっつめて、玉どめをする

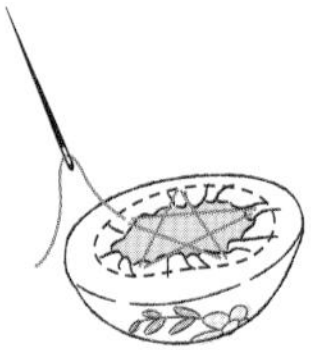

4 ブローチ台に接着剤でつける

ピンクッション

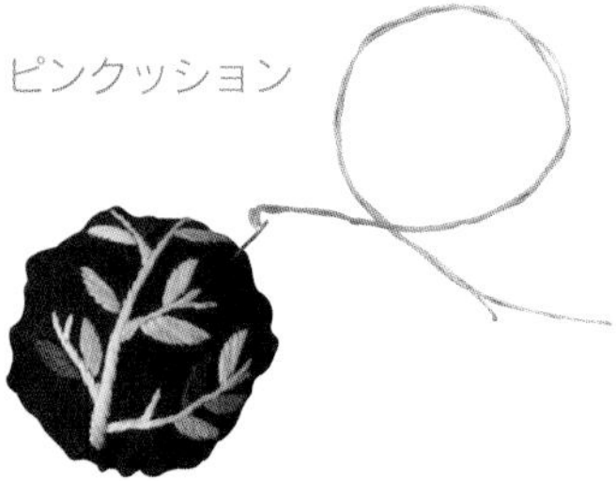

材料

表布：15㎝角　1枚
底布：直径6㎝の円　1枚
厚紙：直径4㎝の円　1枚
手芸用わた：適宜

1 刺繍を中心に直径10㎝ぐらいのところをカットする

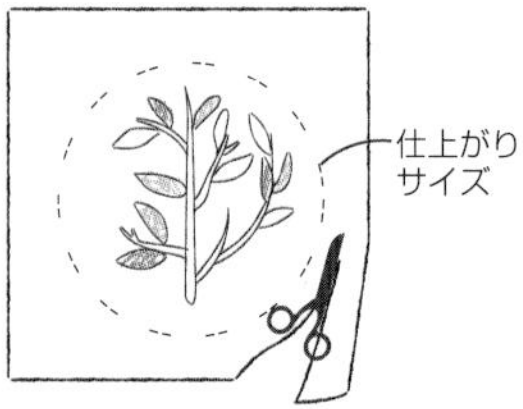

2 わたを入れて、
布端をぐし縫いして絞る

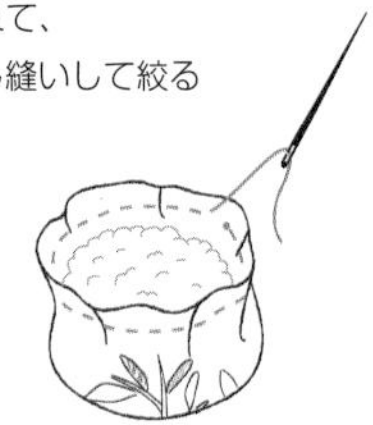

3 直径6㎝の布のまわりをぐし縫いし、
直径4㎝の厚紙をくるんで絞る

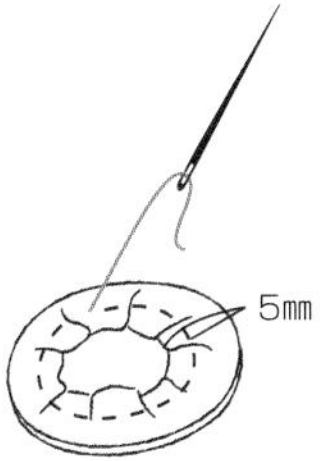

4 2と3を、絞った方を内側にしてかがる

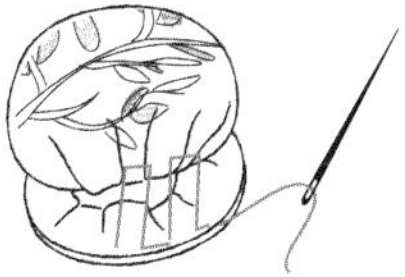

5 でき上がり

ニードルブック

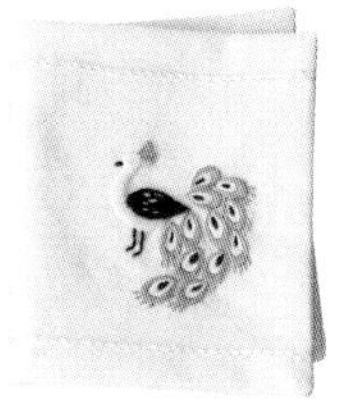

材料

布：22㎝×19㎝

フェルト：9㎝×16㎝

1 布に刺繍をする

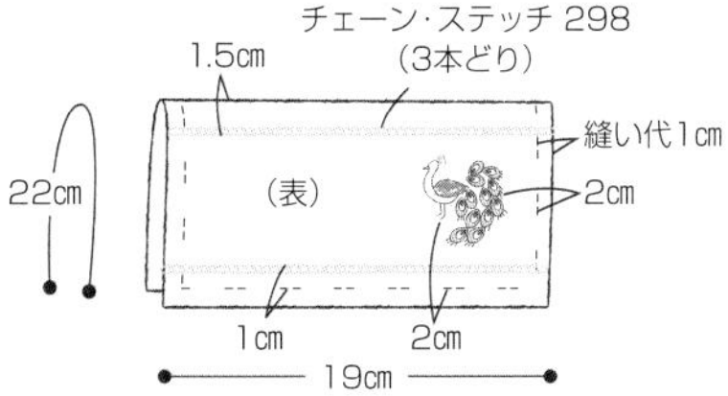

2 中表に合わせ、返し口を残して縫う

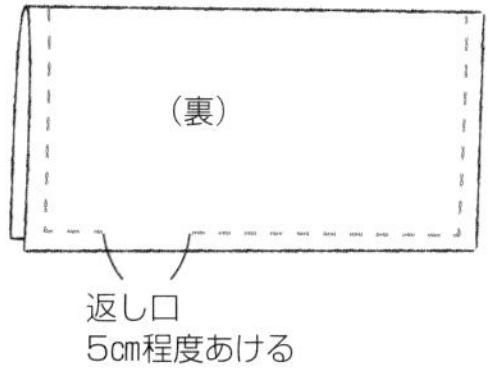

3 返し口から表に返し、返し口をかがる。
フェルトと布を重ね、2カ所縫いとめる

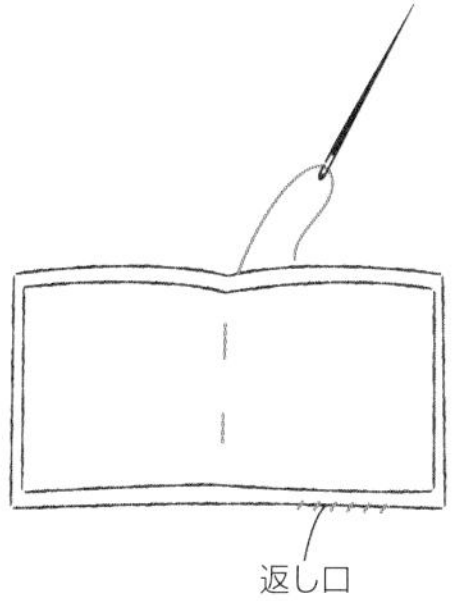

著者　川畑杏奈（annas）

プロフィール

刺繍作家。
幼稚園教諭を務めたのち、刺繍作家として活動。
刺繍道具店、兼アトリエ刺繍教室「Atelierアンナとラパン」主宰。
YouTubeでの動画配信や会員制サイト「annasの毎月の刺繍」を運営。
『annasのおいしい刺繍 CAFE&SWEETS』（河出書房新社）
『annasの和の刺繍』『annasの小さな刺繍図案』（ともに光文社）
など、著書多数。

撮影　下村しのぶ
装丁・レイアウト　佐々木千代（双葉七十四）
制作協力　天野寿美子、北薗由貴、齋藤深雪、園田寿絵里、田崎和美、中澤ひとみ、花岡雅子、水野朝子、吉田桂子、渡部裕子
イラスト　川畑杏奈、大森裕美子（tinyeggs studio）p.110-111
校正　西東社
編集　小泉未来

［素材提供］

株式会社ルシアン（コスモ刺繍糸）
〒600-8864　京都市下京区七条御所ノ内南町103 ワコール京都ビル
tel.0120-817-125　平日10:00〜17:00（土・日・祝は除く）
http://www.lecien.co.jp/
「COSMO」「にしきいと」は株式会社ルシアンの登録商標です。

刺繍道具店 Atelier アンナとラパン
〒167-0053　東京都杉並区西荻南3-15-18
tel. 050-5243-5299　12:00〜17:00（不定休）
https://atelierlapin.handcrafted.jp/

本書の内容に関するお問い合わせは、お手紙かメール（jitsuyou@kawade.co.jp）にて承ります。
恐縮ですが、お電話でのお問い合わせはご遠慮くださいますようお願いいたします。

本書は2016年4月小社刊『annasの草花と動物のかわいい刺繍』を増補し、新装したものです。

annasの草花と動物のかわいい刺繍　増補版

2016年 4月30日　初版発行
2023年10月30日　増補版初版発行
2023年12月30日　増補版２刷発行

著　者　川畑杏奈
発行者　小野寺優
発行所　株式会社河出書房新社
〒151-0051　東京都渋谷区千駄ヶ谷2-32-2
電話　03-3404-1201（営業）
03-3404-8611（編集）
https://www.kawade.co.jp/
印刷・製本　TOPPAN株式会社

Printed in Japan
ISBN978-4-309-29343-1